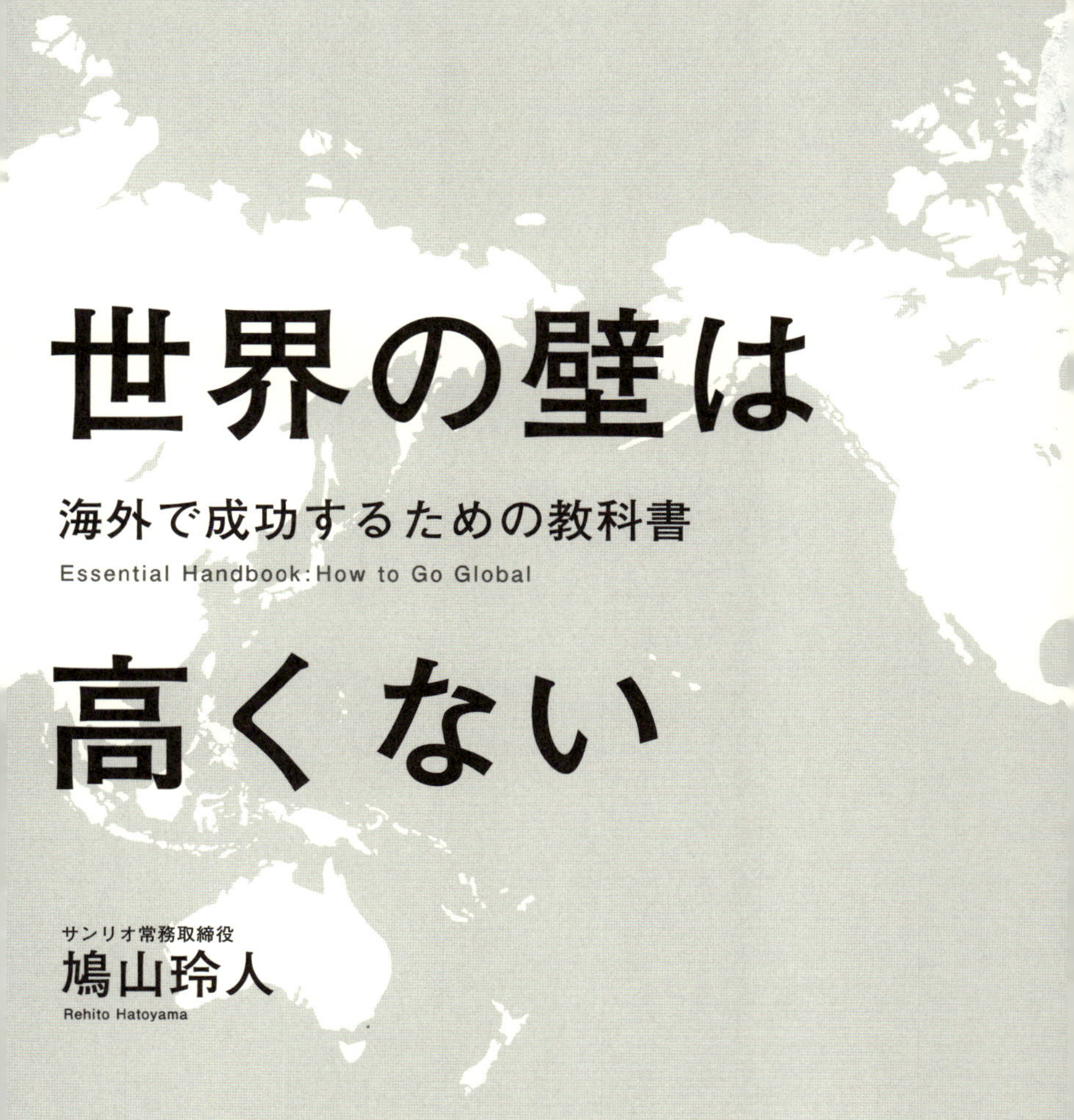

世界の壁は高くない

海外で成功するための教科書

Essential Handbook：How to Go Global

サンリオ常務取締役
鳩山玲人
Rehito Hatoyama

廣済堂出版

はじめに

●海外で何かをするには苦労がつきもの

私のはじめての海外体験は幼稚園にさかのぼります。

三歳のときに、親の転勤ではじめて海外に行き、ボストンで暮らすことになりました。

けれども、まったく英語がしゃべれず、現地の幼稚園でなじめずに木陰によく隠れていました。トイレに行きたくてもなかなか話が通じず、おもらしをしてしまったときのことを、今でも鮮明に覚えています。

また、小学校の低学年のときも、再び父の転勤のためオーストラリアで生活をしていました。

ところが、イースターのときにチョコエッグを自分だけもらえなかったり、先生に差別されることも多々ありました。親にも相談できず、悔しい思いをしたことなども、覚えています。

今でも海外で新しい場所に行くときや新しいことをはじめるときには、そんなことをフラッシュバックのように思い出すことがあります。

しかも、日本での学生時代でも、英語の成績が飛び抜けてよかったわけでもなく、最初に就職した会社では、研修時に英語の中級クラスに配属されました。

何がいいたいかというと、海外での生活にいきなりなじみ、英語のコミュニケーションができるようになったのではなく、**長い年月のさまざまな苦労を通じて海外で生き抜く力を少しずつ磨いて、克服しつつある**ということです。

とはいえ、小さい頃から、「海外で仕事をしてみたい」とは思っていました。

大学生になってからは、ＭＢＡ留学をしてみたいという思いももつようになりました。

しかし実のところ、現在のように、海外で仕事をしている状況を昔から想像できていたかというと、そういうわけでは決してありません。

私がもっていたのは、漠然と「海外で何かしたい」という、あいまいな志《こころざし》くらいでした。

社会人時代も、新人のうちに海外赴任をしたわけでもありません。

日本の大学を卒業後、三菱商事に入りましたが、入社から九年間は日本国内のビジネスにがっつり従事していたのです。入社当初、海外とはほとんど関係ない部署に配属になったことには多少、ガッカリはしました。商社なので、少しでも海外と関係あるビジネスができる日が来ればとは思っていました。

しかし、いつの間にか、そんなことは忘れ、目の前にある国内事業に邁進《まいしん》し、楽しかったこともあり、海外への思いはいつの間にか忘れていました。

転機となったのは、サンリオで海外の仕事に関わるチャンスをいただいてからです。

●〝ハローキティ外交〟のこれまでとこれから

二〇〇八年にサンリオに転職し、ハローキティの海外事業に関わるようになると同時にサンフランシスコに家を構え、地球を年に一五周する生活をはじめて、もう七年以上がすぎています。ボストンの留学時代を含めると、海外生活は二〇〇六年の夏から九年以上が経ちました。

そして、今では**日本人として、あるいは日本企業として、グローバルでも必ず結果は出せる**、という自信を得られるようにやっとなりました。

三菱商事時代に一時、サンリオのビジネスに携わることがあり、サンリオは私にとっては極めて関心の高い会社でした。ビジネススクール卒業間近で進路を考えていたとき、サンリオの辻邦彦副社長（当時）から「海外事業をやってみないか」とお誘いいただき、迷うことなく、飛び込んだのです。

当時、サンリオは、収益が悪化し、業績の低迷が続いていましたが、辻副社長には、「ビジネスに変革を起こしたい」という強い思いがありました。

サンリオと聞いて、何より多くの方がイメージされるのが、「ハローキティ」というキャラクターです。ハローキティは、すでに世界に知られるキャラクターになっていました。

私も小さい頃から、いろんなキャラクターグッズに囲まれていたので、非常に親しみを感じていました。

また、私は何より、サンリオという会社がもっているモットーに大きく共感していました。「SMALL《スモール》 GIFT《ギフト》 BIG《ビッグ》 SMILE《スマイル》」というコンセプトのもと、キャラクターを通じ、世界中に幸せと笑顔を届けるというミッションがとても心に響いたのです。

そうして、世界中に笑顔を広げる〝ハローキティ外交〟＝「HELLO《ハロー》 KITTY《キティ》 DIPLOMACY《ディプロマシー》」を開始していくことになりました。

私は辻副社長の期待に応えるべく、サンリオを変える新しい世界戦略をいっしょに推進めました。それが、ハローキティを中心とした「ライセンスビジネスを大きく広げる」ことでした。

それまでのサンリオの世界展開は、自社製造の商品の販売や直営店の展開が中心でした。一方、ライセンスビジネスは、日本ですでに成功していて、欧州でも少し広がりはじめていたのです。

ライセンスビジネスとは、さまざまなパートナー企業に、衣類やアクセサリー、文具や雑貨、食品など、幅広い分野のグッズにハローキティを使用、製造・販売する権利を許諾（ライセンス）し、その対価をロイヤリティー（キャラクター使用料）としていただくというビジネスモデルです。

その最大のメリットは、サンリオが自社で商品を製造したり、在庫をもつことなく、ハローキティという強力なブランドを世界に供給し、それを収益につなげていけることでした。

私は、グローバルチームを率いて、ビジネスを現地化し、このライセンスビジネスに重きを置いていったのです。


サンリオに転職した二〇〇八年、そのままサンリオ米国法人のCOO（最高執行責任者）に就任し、同年には欧州法人のCOOを兼務し、欧米でのライセンス事業を推進しました。翌々年には、ハーバードの後輩にも入社してもらい、中国やアジア地域においてもライセンス事業へのシフトを同時に推進していきました。

また、海外事業以外では、入社二年目から、本社で経営戦略、中期経営計画策定と推進、全社改革といった全社的な役割を経験するとともに、海外IR、マーケティング、キャラクター開発やM&Aといった役割も果たしてきました。

中でも、私が昔オーストラリアに住んでいて、なじみの深かったイギリス生まれの人気キャラクター「ミスターメン　リトルミス」を買収し、グローバルなビジネスチームを再編成し、新たなプロジェクトとして推し進めることができるようになったときは感慨深かったです。

結果として、海外からのライセンス収入が大きく伸び、サンリオは業績を急速に回復させることができました。**会社の営業利益は私の入社から五年で約三倍になり、過去最高益を更新する**ことになりました。海外からの営業利益は、九〇パーセント以上を占め、業績回復に大きく貢献できたのです。

業績の改善に加え、海外ＩＲ効果で多くの海外投資家も引き込むことができ、株価も跳ね上がりました。株価は、二〇一三年には一時、六〇〇〇円台を超え、時価総額は二〇〇八年度時の安値と比較すると十数倍にまで拡大しました。

日本から海外に進出している有名企業といえば、自動車業界のトヨタやホンダ、電機業界のソニー、製造業界のキヤノン、ファナックやキーエンス、航空サービスのＪＡＬ、Ａ

NA。そして世界的なブランドといえば、任天堂のゲーム、カシオのGショック、サントリーの響《ひびき》、黒澤明監督の映画などいろいろあると思います。

そんな中、サンリオは、海外でも日本でも、「海外でもっとも成功している日本のエンターテインメント企業」と呼ばれるようになり、またハローキティは「グローバルブランド」と呼ばれるまでに成長しました。

二〇一五年、私はサンリオ内で社内ベンチャーを立ち上げ、映画事業に参入することに挑戦しております。少し先になりますが、数年後に「ハローキティ」や「ミスターメンリトルミス」などの映画を世界にお届けしたいと思っています。

子どもから大人まで愛されるハローキティとサンリオには、まだまだこれからも大きな可能性があるはずだと私は感じているのです。

●一歩踏み出して、海外に出てみよう

ただがむしゃらにやってきたところもあるので、なんでこうなったのかわかるような、

やはり、いまだにわからないような感じもしなくはありません。

二〇一五年、海外を統括する業務や、全社的な役割は私の役割ではなくなりました。しかしながら、せっかく推し進めてきた海外事業を通じて考えてきたこと、苦労したこと、やり残したことなどを、風化して忘れないうちに書き留めておきたいと思うようになり、本書の執筆をしてみることにしました。

日本にいる皆様にお伝えしたいと思っていること。

それは、「**ぜひ、海外に日本人として誇りをもってチャレンジしてほしい**」ということです。

世界に目を向けるだけで、大きなチャンスに出会える可能性があります。

そのことをどうか知ってほしいのです。

学生で飛び出してもいい、語学留学や、ＭＢＡのような大学・大学院留学でもいいと思います。また、三〇歳をすぎていたとしても、遅すぎることはありません。実際、私がそうでした。

そして、世界を恐れる必要はないということも知っていただきたいです。

「日本企業は、世界のグローバル企業に次々に追いやられている」という報道が日本ではよく流れますが、そういうイメージに惑わされてはいけないと思うのです。

世界の壁は、「思っているほど高くはない」と私は感じています。

なのに、高いと決めてしまって、大きなチャンスをみすみす捨ててしまうのは、あまりにもったいないことです。

私自身も壁に突き当たっては、跳ね返され、ぶつかるなり、叩くなり、なんとか乗り越えるなりして、これまでやってきました。振り返れば、たいした壁ではなかったと思えることもあります。

実際に、どんな壁があったのか。その壁は、どのようにすれば乗り越えられるのか、あるいは壁でなくなるのか。高い壁であったとしても、どう向き合えばいいのか。

私の経験をもとに、本書では書き進めていきたいと思います。

また、

海外に子会社をもつ企業に勤める人に。
海外に進出したい人に。
海外で起業したい人に。
海外に興味がある人に。
漠然とグローバルを意識している人に。
留学を考えている人に。
そして人生を変えたい。
違うステージに乗りたいと考えている人に。
ぜひ、本書を役立てていただけたら、うれしいです。

目次

第1章　知らないことがたくさんある、を知る
～働き方や価値観はこのように違う

第2章　私はこうして、海外展開していった
～海外で成功するためのカギは、「現地化」

第3章

自分自身が世界で突き抜けるには

~個人キャリアのつくり方

［制作スタッフ］
デザイン／長坂勇司
編集協力／上阪徹　大西華子
校　正／東京出版サービスセンター
ＤＴＰ／三協美術
編　集／江波戸裕子（廣済堂出版）

第 1 章

知らないことがたくさんある、を知る

〜働き方や価値観はこのように違う

〈コンテクストの壁〉

“背景”がわからないと、理解できない

日本人が海外でビジネスを行う際に戸惑ってしまうのは、ビジネスそのものにおける課題ばかりではありません。

それは日本人には把握しづらい、現地の人々との「目に見えない」文化の違いの存在です。どんな違いがあるのかまずは知り、それに対処すること、もしくは、受け止めて、よい意味であきらめることが大切になってきます。

何より、**壁を乗り越えるというだけでなく、そうした壁の存在に気づいておくことが重要です。**

1章では、このことについて述べていきます。

中でも、私がよく実感するのは、生まれ育って培ってきた基本的な感覚や感性の違い、ともいうべきものです。英語でいえば、コンテクスト（文脈）です。

たとえば、**米国のコメディ映画を見ている米国人が、ゲラゲラ笑っているのに、自分はまったく笑えないというような体験**をされたことがあるのではないでしょうか。

英語の意味は理解できるのに、なぜおかしいのかよくわからないのです。

あるとき、中国で中国映画を観たのですが、やっぱり笑うことができず、改めて衝撃を受けました。

これは、笑いのツボが違うから。

まさにコンテクストです。

米国人は子どもの頃からテレビだったり、友だちだったり、学校だったり、周囲の人たちからだったり、いろんな笑いの背景を身につけてきている。それがあるから、米国のコメディ映画を笑えるのです。

映画は米国最大の輸出産業のひとつですが、会話を主体としたコメディ映画はなかなか輸出できていません。米国では絶大な人気を誇るコメディのスターも、なかなかグローバル化できていません。それは、笑いにはコンテクストが必要だからです。

例外としては、対象年齢層の低い大衆的なコメディ映画や、エディ・マーフィのような顔や動きで笑いを取るコメディアンが挙げられますが、そうでない笑いは、なかなか輸出ができないのです。

しかし、米国でビジネスをするとなると、「コンテクストがわからない」なんていっていられません。

「笑いもそこそこわからなくてはいけないか？」なんて思って、「サタデー・ナイト・ライブ」という米国人に大人気のコメディ番組を一生懸命に見ていた時期もありましたが、今のところ、それほど面白くありません……（余談ですが、エディ・マーフィも、この番組出身です）。

他にも、こうしたことがあります。

たとえば、「子どもが小学校に行く」と米国人がいうとき、それは「子どもを送りに行く」を意味していることがあります。日本では「子どもが小学校に行く」は、ランドセルを背負って子どもだけで学校に行くイメージを誰もがもちますが、米国では少なくとも小学生までは、学校への送り迎えが一般的で、また、家が学校から離れていることも多く、中学生や高校生であってもそうした習慣は続いていることがあります。

このコンテクストを理解しておくと、

「子どもがまだ小学生なのよ」

「ああ、じゃあ、けっこう大変ね」

という会話の意味が理解できます。ところが、送り迎えが当たり前だと理解できていないと、何が大変なのかがわかりません。会話が理解できない、ということになります。

また、**仕事上でいえば、そうした背景をもっている人には、勤務体系に配慮をしてあげる必要性も出てきます。**

また、フランスのビジネススクール、ＩＮＳＥＡＤ《インシアード》の教授から聞いた話ですが、フランス人からは、カルロス・ゴーン氏の顔は、日本人に見えるというのです。

実際にはゴーン氏の両親はレバノン人でブラジル生まれ、フランスでの人生経験が長いにもかかわらず、日本人の血が彼に入っていると本当に思っている人も多いそうです。

フランスでは、「彼は日産のリバイバルには成功したが、ルノーのリバイバルには成功するか?」という議論が起きました。

日本でのゴーン氏は、変革の際に「人々の意見を聞いてまわった」ことが日産リバイバルプランの成功要因として有名ですが、彼はフランスでは実際かなり短気で口も悪く、人の話などなかなか聞かないといわれているようです。

おそらく、日本では、日本語ができず、通訳を介して話をしていたため、また、日本の企業での体験が初めてであったので、慎重に改革を進めたのでしょう。しかし、本国のフランスでは、通訳も必要なく直接話せて、また日産の成功体験をルノーにそのままもち込もうとしたため、プランが同じようには進んでいないのです。

そのせいもあってか、うまくいっていないようです。日本での成功は、言語の障壁によるところも大きかったのでは、ということでした。

日本では、「カルロス・ゴーン」といえば、「変革を成功させた人」ですが、フランスでは「変革がうまくいっていない人」で、イメージがまったく違います。

これもコンテクストの違いというわけです。

これらはほんの一例ですが、こうしたコンテクストの違いは、山のようにあります。

こうしたことがビジネスの実社会でも影響をおよぼします。

それこそこれは、語学力とはなんの関係もありません。

実のところ、**どんなに英語が上手に話せたとしても、コンテクストがお互いに理解できていないと、とんでもないピント外れのコミュニケーションになったり、相手のいっていることが正しく理解できなかったりする**ものです。

ですので、これはビジネスする際に、知っておいたほうがよいでしょう。

とりわけマネージャーの立場になると、このコンテクストの理解不足のせいで、ギクシャクするようなことにもなりかねません。

米国のコンテクストとイギリスのコンテクスト、フランス、ドイツ、イタリアのコンテクストもまた違います。すべてのコンテクストを理解するのは、とても難しいと思います。

大事なのは、コンテクストの違いが存在している、と認識しておくことです。そして、少しずつ、そのコンテクストの違いを理解して、自分の中に蓄積していくことです。

それはまちがいなく、外国人とのコミュニケーションや関係性を円滑なものにしていってくれると思います。

〈コミュニケーションの壁〉
日本語のあいまいな「イエス」「ノー」がもたらすトラブル

コミュニケーションを円滑なものにするために、あいまいな日本語のリスクについても、知っておきましょう。

特に「イエス」と「ノー」のその中間にある「もち帰って検討します」、さらには実質的な「ノー」の類である「考えます」「考えておきます」「検討します」などの日本ならではの言葉の使い方が、外国人とのコミュニケーションでトラブルを巻き起こしたりすることが多くあります。

日本語でいうところの、「検討します」は典型的な例です。これは日本では事実上、「ノー」や「後回し」を意味していることが少なくありません。しかし、それをそのまま外国人が真に受けると、ほとんどの場合「イエス」に受け取られてしまうことがあります。

日本人は断ったつもりだったが、なぜか先方はそう思っていなかった、つまり、**外国人には取引において「イエス」に聞こえていたのだが、本当は「ノー」だったということがあると、「あのときはよいといったじゃないか」とトラブルになったり**します。

また、社内のコミュニケーションでも上長に自分のプロジェクトが「認められた」と思っていたのに、後になって「否定されていた」と部下が知ったりもします。

特に欧州では、取引において口約束が法的拘束をもっていることも多く、安易な表現が相手に逆手に取られてしまうのを見てきました。

実際、こんなことがありました。

ある重要案件を中止にするか継続するか、検討していた際に、「どうしましょう、本プロジェクトは中止ですよね？」と外国人の部下が聞いたところ、「ああ、中止にすることを検討しよう」と日本人のマネージャーがいいました。それを聞いた部下は、言葉通り六カ月後くらいにはそのプロジェクトがなくなるものだと思っていました。ところが、そのプロジェクトはそのまま三年経っても中止されず、その後さらに三年間、そのままでした。

この場合は、最初から部下に「継続」か「中止」かはっきりいえばよかったのです。

ところが、日本的な感覚で、あいまいに言葉を使ってしまいました。結果としては、やる気のない事業のやり方で発展することなくずるずるしてしまい、混乱をもたらしてしまったのです。

日本的なあいまいな断り方、イエスのようでノー、というのは、海外では通用しないのです。

実際、改めて海外でビジネスをして実感したのが、日本人のコミュニケーションについて、海外の人が困っていた、ということです。

大事なことは、きちんとお互いの意思を確認するということです。イエスなのか、ノーなのか。そして、わからないときには、その都度ちゃんと聞くことが大切です。仕事で関わる人にも、わからないときは、ちゃんと聞いてほしいといっておきます。

相手に聞くことはまったく恥ずかしいことではないですし、あいまいなコミュニケーションのまま進めるほうが、海外では失礼な場合もあります。

それこそ米国人同士の場合は、イエスとノーの断定言葉がどんどん飛び交って、激しい議論になることも少なくありません。まるでケンカをしているかのように、バンバンいいたいことをいい合ったりします。しかし、終わった後はもうさっぱりしていたりするものです。

日本人が海外のコミュニケーションをどう理解するかということを述べてきましたが、一方で日本側から海外従業員に日本のコミュニケーションの理解してもらう努力をしていくことも必要です。

海外側の人間がストレートなコミュニケーションをして、日本側の本社とうまくいかなくなるケースをよく見てきました。

たとえば、日本人の顧客が何かをお願いしてきたり、日本人の上司が何か命令をしてきたりしたときに、外国人の部下が、当たり前のように率直なコミュニケーションをしてしまって、顧客や上司が引いてしまうことがあるのです。回答が「イエス」の場合はいいのですが、「ノー」の場合、もめることがあります。

日本的な考え方では、遠慮して回答したほうがいいわけです。

「それは大役ですので、熟考させていただきます」「難しい役割かもしれませんので、検討させていただきます」。こんなふうに答えれば、日本人の顧客や上司もすんなり受け止められるのですが、そこで「ノー」とガツンと来られると日本人は機嫌を損ねてしまうことがあるのを見てきました。

ですので、以上のようなことを外国人の部下に教えたほうがよいのです。

米国人は比較的、イエス、ノーをはっきりいうことを好みますが、**欧州に行くと、必ずしもそういうわけではない国もあります。日本的なグレーな表現で「ノー」を伝えたりすることがあります。**

こういうところで、「イエス」「ノー」とはっきり主張したコミュニケーションをすると、むしろうまくいかないことがあります。

たとえば、私が経験した中では、イギリス、ドイツ、フランスが比較的ストレートで、イタリアやスペインのほうがあいまいです。すぐに変えなければいけないことも、「考えなければいけないね」という先延ばしの表現を使ったりします。

実際、その国ではどのようなコミュニケーションが好まれるのか、感覚をつかんでおいたほうがいいでしょう。

私は、話すときに、どれだけ感情が入ってくるか、というところの差もあるからだと思っています。イギリス、米国は、感情が入ってくる度合いが低いです。ドイツもどちらかというとドライなところがあり、米国、イギリス同様、システマチックな会話が多いようです。

イタリアやフランスは常に感情が入りやすく、中東やアジアも、感情が入ってくるほうだと感じます。

ちなみに**欧州、アジア、中東などがそうですが、英語を母国語としない人たちとの英語のコミュニケーションにも、注意が必要**です。フランス語同士、イタリア語同士であれば、まったく問題ないコミュニケーションも、英語を介して語るとなると、彼ら彼女らも簡単にはいかないのです。

実際、ドイツ人にしても、スペイン人にしても、中東の人たちにしても、母国語ではないので、彼ら彼女らの英語は一癖も二癖もあります。

お互いにまちがえて理解するかもしれないので、注意するとよいでしょう。

外国人とのコミュニケーションのポイントは、基本的に相手のバックグラウンド、カルチャーギャップをできるだけたくさん理解したうえで、ちゃんと聞く、ということだと私は思っています。

特に社内のマネージメントにおいては、とにかくたくさん主張したり質問してくる外国人が多いです。それは彼ら彼女らの通常のやり方なのです。

しかし、いわれた日本人は、「また文句をいっているだけじゃないか」と聞く耳をもたなくなるケースが少なくありません。

ここは、きちんと話を聞いて、対応してあげることが必要です。

相手にも、どんどんいいたいことをいってもらいます。そうしなければ、なんとなくコミュニケーションが中途半端で不完全燃焼になってしまいます。

そして決めるときは決め、伝えるときは伝えるのです。そうすると、そのコミュニケーションに、彼ら彼女らは意味をもてます。意味のあるコミュニケーションこそ、求められているのです。

日本的な「あうんの呼吸」は海外にはなかなかありません。

わかりあえるまで、とことんコミュニケーションしたほうがいいのです。

しっかり時間をかけていくべきでしょう。

〈意思決定の壁〉

「その場で決められない」日本人への米国人の戸惑い

日本と海外では、意思決定の方法の違いも大きいです。

たとえば、米国人との価格の交渉で、こんな言葉が出てくることがあります。

「この場ですべて決めよう」

しかし、日本人が好むのは、会社にもち帰って、細かな数字をメールなどでやりとりすることではないでしょうか。上司や会社への確認も必要となるので、その場で決めたら困ったことになります。しかし結果的に、相手の米国人は戸惑ってしまう……。こういうことが、よく起きます。

端的にいって、**日本はビジネスの場で意思決定が遅いことが多い**のです。

その場で決められないということです。

これは、意思決定ルートの階層が厚いということを意味しています。

そうした意思決定の仕方は、海外の人からすると、まったく理解ができません。どうしてそんなにいろんな人に聞かなければいけないのかと思われてしまいます。

しかも、ハンコをもらっているだけで、何かが起きるわけでもないことが多いのです。いったい誰が責任をもって実行しているのかわからない、ということになるわけです。

海外では、その人の組織での役割ははっきり決まっています。意思決定者である責任者がいて、その人が自分の権限の範囲の中で意思決定をしていくのです。そして、小さな権限はどんどん部下に委譲していって、部下は自分の権限の範囲の中で意思決定していきます。

ところが、日本の場合はそうではありません。

たとえば、海外子会社をつくったりすると、子会社が何かをしようとするたびに親会社からの承認が必要になる、という話をよく耳にします。戦略、予算、採用といったひとつひとつも、海外企業の場合であれば、「責任者が責任をもってやってください」というところが、日本人が何人、何十人も集まって議論して、挙句の果てに、最終的にその設定や責任が誰にあるのかわからない状況になってしまったりする、ということを目にします。実際、日本企業と仕事をする米国人からは、「日本人は何を考えているのか、何をしようとしているのかよくわからないことがある」という話が耳に入ってくることもよくあります。

他にも似たような例があります。

「じゃあ今度、打ち合わせをしよう」

という日本人の言葉が、西洋では大変なフラストレーションになることがあるのです。会社の文化もありますが、基本的にはスピードを強く意識しているのが、欧米の会社です。

「いや、だったら、今、この場で話し合って決めちゃおうよ」

というのが、彼ら彼女らの考え方なのです。

今この場ですぐに打ち合わせをして、決定してしまいたいのです。

また、日本人の場合、たとえば「今度、食事をしよう」というのは、あいさつのひとつになっていたりします。日本ではイエスなのか、ノーなのかが、極めてあいまいなケースが少なくありません。

しかし、日本独特の社交辞令が通用するのは、日本人に対してだけなのです。

特に「じゃあ今度、打ち合わせしよう」と社内で話した場合には、相手は準備をはじめ、ずっとそのときを待っていることもありますので、そこは適切な言葉を使ったほうがいいでしょう。

海外ではできるだけその場で決めるなり、はっきりさせるなりしたほうがよいのです。

〈働き方の壁〉

夕方の五時半には帰る米国、もっと働く時間が短い欧州

違う国の人々と働いていると、それぞれの働き方はみんな違っていて、それに驚くことがあるかもしれません。

特に衝撃を受けるのが働く時間の短さです。**海外法人で働くメンバーは、一般的に日本と比べ、働く時間帯が短いのです。夕方の五時や六時の終業時間にはきっちり帰ります。**慣れないと、はじめのうちは、日本人は正直、「なぜ今帰る?」とイラッとしてしまうことも多いようです。

同じ勤務時間でも、米国では早めに来て、早めに帰るという習慣がありますが、欧州だと遅めに来て、長めのランチを取り、早めに帰るということが習慣としてまだまだありま

す。海外では病欠や子どもの事情に対して優しい制度があることも多く、そうした事情も考慮されます。

同じように休暇もしっかり取ります。

日本や米国では、年間の有給休暇取得可能日が二週間程度ですが、欧州では五週間の休暇期間があり、それをしっかり取るのが多数派です（休暇を取らない場合は、会社側に現金などの支払義務があるというのが国の制度になっていることも多く、休みを取ることを企業側からも促されます）。

こういう欧州の習慣には、日本人だけではなく、米国人もかなり戸惑うようです。

また、日本で長く働いた経験のある日産のカルロス・ゴーン氏は、ルノーにて、「どうして、日本人のように働けないのか？　休暇も長すぎる」と発言し、フランス内でひんしゅくを買っているそうです。

現地では、日本人とはまったく違う働き方をする人々に対して必要以上に困惑せず、「そういうものだ」と受け入れることが必要となってきます。

こうした生活習慣は、幼い頃からの長い習慣が蓄積されてできているものなので、なかなか変えることはできません。

生活背景を理解すると、その仕事の仕方にもっと共感できるようになります。

また、**欧米の多くの国で、家族との時間を大切にするというマインドセット（習慣化した考え方）ができ上がっています**。夕方以降は、家族のために時間を使うことが当たり前になっていて、夫婦のあり方、家庭内での男女の役割、子どもとの時間の取り方、家族との時間のすごし方がすごく異なります。

実際にその国に住んでみて、生活してみると、そうした感覚はわりとすぐにわかるものなのですが、海外の家庭を目にしないと、見逃して理解できないままのこともあるようです。

特に米国では、こうした習慣は、男女共有のものです。

夕食の準備から子育てまで、男女でともに役割分担しています。

よく、米国の映画で、子どもが学校に行くときに、親が送り迎えしているシーンを見ると思いますが、子どもを送っているのは、少なくとも私の周りの学校では、圧倒的に男性のほうが多いです。

そういう私も、日本で商社に勤めて仕事をしていたときは、残業が当たり前でその日のうちに帰るほうが珍しいほどでした。

一人目の子が生まれたときには、妻に「子どものオムツを替えて」なんていわれると、「遅くまで仕事して疲れているのに、どうして僕が」と思ったものです。

しかし、こうした考え方をもつこと自体、米国では受け入れられません。そして、二人目、三人目の子の際には、私が率先して子どものオムツを替えるのでした……。

育児に積極的に参加して、子育てのために仕事を休む、あるいは会社を辞めてしまう、ということが尊敬されても、**「オレには大事な仕事があるから遅くなるんだ」「男がオムツを替えるなんて」といった考え方は絶対に尊敬されません。**

最近も、米国に住んでいるハーバードの同級生の男性の友人と久しぶりに会って話をしたところ、「今度、子どもが生まれるから会社を辞めるんだ」とのことでした。

彼はハーバード・ビジネススクール卒業後、ベンチャーにディレクターとして参画し、そのベンチャーは急成長。創業時から重要なポジションを務めていた人物でした。「仮に続けるとしても、産休を取って数週間休むつもりだし、これを機会に自分と家族の時間がもっと大切にできるように自分の会社でもつくるつもりだよ」といっていました。

これは特別なエピソードではありません。

米国にいたら、家族が転機になり、一気にキャリアまで変える人もまったく珍しくないのです。

今は海外での働く習慣がグローバルな働き方として、すでに日本でも一部受け入れられ、大きく変わりつつあります。

〈価値観の壁〉
バラバラに歩く欧米人、整列して歩く日本人

私はよく、小人数から大人数まで海外で団体をアテンドするのですが、集団行動する際、日本人がみんなをまとめるのに苦労するのをたびたび見てきました。

というのは、外国人がすぐバラバラな行動をしてしまうのです。ひとつの目的地に行こうとしても、何か見つけるとすぐ横にそれてしまう、電車で移動していても車両の中を勝手にすぐ移動してしまう、列を抜けてどこかで別のことをしたい、行きたいといい出す、右に左に前に後ろに広い範囲をバラバラに歩き、なかなかどこにいるのか把握しづらいのです。

さらに、集合時間にちゃんと集まらない、食べるものも行きたいところもバラバラ、リクエストも多い等、苦労が絶えないのです。

こういうときは、ぜひ、一度あまり心配せずに、ほうっておいて行動してみるといいです。

日本人が思っている以上に、最終的にはちゃんといっしょに行動できます。バラバラなはずなのに、なぜか、結局、ちゃんとついてこられたりします。

日本では、**整列させることやルールを守らせることに集中してしまい、それができていないと、事がうまくいっていないと考えがち**です。

また、海外では「Be different（個性的であれ！）」がよいこととされ、日本の「はみ出してはいけない」というような価値観は無いことからも来ていると思います。

集団行動をしていても、違うものに興味をもって、違う行動をその範囲の中で行うことはあまり珍しくないのです。

仮に、ルールを守らせようとすると、余計な労力がかかるだけでなく、概して本来、大切にしなければならないその場の雰囲気や、会話を楽しんだりすることを見失いがちです。

銀行の窓口システムでも、店頭に誰も並んでいなくても、「番号札をお取りください」

といわれます。ルールなのはわかりますが、海外の人がそのような状況を、よく「boring《ボアリング》」、要するに「つまらない」と思うことがあるのと似ていると感じます。

最近も、「日本人はなぜ、車が通らないのに、信号を待つのか」と聞かれ、改めて、「あー、やっぱり待たないいんだ。それはさすがに……」

とは思いましたが、**その程度のことでカリカリしていては海外ではやっていけません。**

「受け入れてあきらめる」ということ

価値観という面で、日本人が世界の人と関わってもっとも戸惑うのは、もしかすると宗教のことかもしれません。

日本人にとって、価値観の共有はコミュニケーション上、重要な要素のひとつです。結婚の理由や、仲のいい友だちでいられる理由に、この「価値観の共有」を挙げられる方も多いと思います。日本ではお互いに、ほぼすべてを理解しないと、なんとなく相手と親しくなれないような気になるものです。

ところが、この感覚でいると、海外で適応することは難しくなるかもしれません。

その端的な例が、宗教です。

海外ではビジネスパートナーが、ある宗教を信仰していることは珍しくありません。しかし、異国の宗教観のすべてを共有することはできません。自然は大切、神はそこかしこにいる、といった、多くの日本人のふわっとした宗教観とは、まるで違うものだからです。

大事なのは、異質なもの、理解できないものを受け入れつつ、コミュニケーションを深めていく、ということではないでしょうか。これは、極めて重要な習慣です。

「受け入れてあきらめる」ということ。

これは宗教観だけでなく、働き方や、休み方などその他についても同様です。

あきらめる、という言葉には少し抵抗があるかもしれませんが、まさにこの感じなのです。理解はできなくても、存在を認識するということです。しかし、ネガティブな意味ではありません。

それこそ、隣にユダヤ人と、キリスト教信者と、イスラム教信者が座っていたとしましょう。ここで、お互いを理解するために宗教観の理解からはじめましょう、とはできません。

できることは、**「あなたの生き方や考え方はリスペクトする。でも、私はこう考える」**と、お互いの違いを認め合うことでしょう。そこからはじめるとよいのです。

ただし、だからといって、理解する勉強を何もしないということではありません。相手のことを知るに越したことはありません。ベーシックな知識を勉強して学び、やはり意識していくことが大切です。

宗教に関しては、ただ受け入れるというだけでは済まないところに難しさがある、ともいえます。特に難しいのは、いっしょに何かをするときです。

たとえば、ビジネス上で会食をするシーンなどがあります。ここで、宗教上の理由で食べられないものが出てくる人が、少なくないからです。

豚肉は食べない、牛肉は食べないなどいろいろありますが、宗教と食べ物に関しては、知らなかったというのではお互いに不愉快になるので、相手の方の事情を事前に知っておいて、「これは食べない、食べられない」というものを勉強しておいたほうがいいでしょう。
また、服装や家族の定義もそうです。イスラムの国では、女性が肌をさらしたり、気軽に男性と二人だけで話をしたりすることはしてはいけないのです。

価値観の壁としてはもうひとつ、**極めてナイーブなのが歴史問題です。**

歴史問題は短期的には解決できなく、場合によっては、五〇年、一〇〇年以上かけて関係を立て直していくような課題になります。

したがって、そもそもこうした問題にビジネスの現場で触れることそのものが、必ずしも良策ではない、と感じることがあります。

しかし、一方でときには避けることができないのです。

歴史観については、特にセンシティブな国があるのも事実です。

第二次世界大戦については、アジアでも根深く、今なお衝突することがあるのが事実です。

一方で、欧州でも同じです。

第二次世界大戦では、勝戦国と敗戦国や、侵略した側、侵略された側がそれぞれの見解をぶつけあうことは珍しくありません。

また、キャラクター・玩具業界はイスラエルに拠点を置く会社が多いのですが、サンリオの欧州拠点（ドイツ）とイスラエル拠点が資金回収でもめるときには、必ずホロコーストの話が蒸し返されます。

日本にいると、当然、日本を中心にしたアジアや米国の歴史への認識は高いと思いますが、欧州のコンテクストの中では、欧州間の会話が中心になります。

会話の中でこうしたトピックが出てくると、私もいまだにドキッとしたりします。

歴史は、時間を見て、機会を見て、それぞれの地域や立場に立った見方から学んでいく機会を設けるといいでしょう。

また、**わからない場合は、そういう会話の中で正直にわからないといい、教えてもらいながら、理解を深めていく**のもいいと思います。

相手の事情を、相手の当たり前を認識する。

自分とは違う価値の存在に気づいてあげることが必要だと考えています。

〈グローバル感覚の壁〉

「欧米だから」と十把《じっぱ》ひとからげにしてはいけない

海外と日本人とでは、〝グローバル感覚〟にも壁があります。

ご存じの方も多いと思いますが、各国の世界地図は、その国から世界がどう見えるのかを象徴しています。

たとえば、日本の皆さんがご存じの世界地図は、日本が中心に、右側に米国、左側に欧州が現れます。

しかし、欧州の地図では、欧州が中心になっているため、日本は右側にあり、左側に米国があります。また、米国の地図では、米国が中心になるため、右側に欧州、左側に日本が配置されています。

〈世界地図の例〉

日本の地図

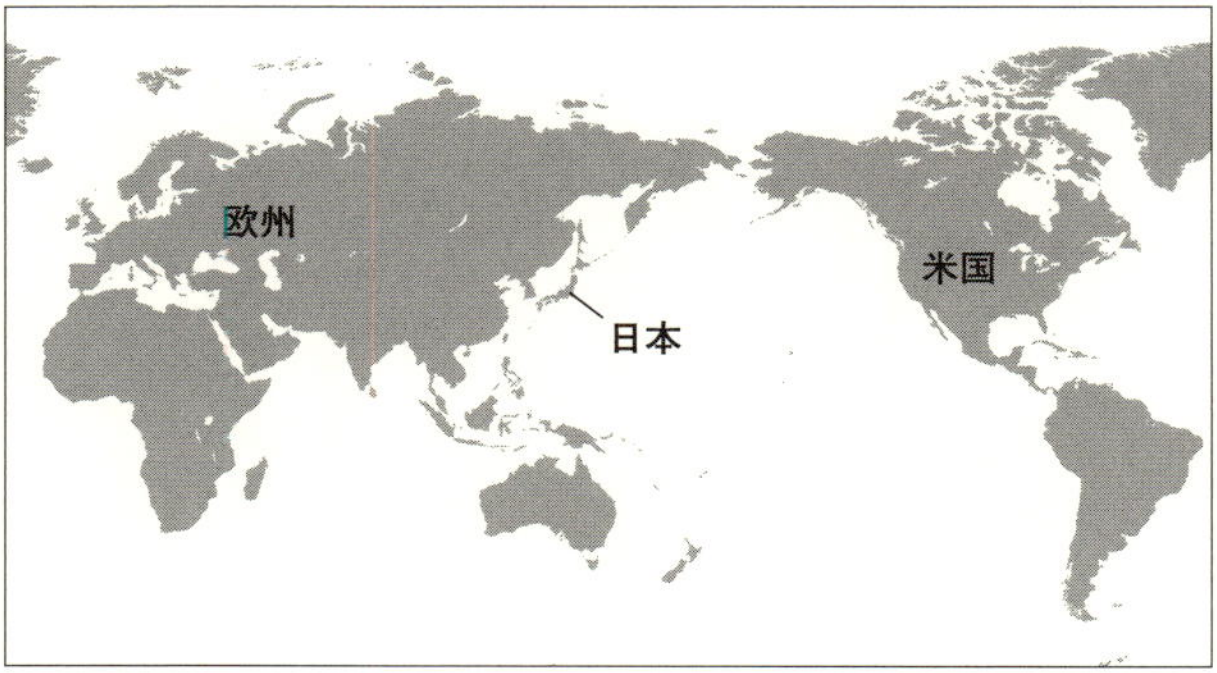

欧州の地図

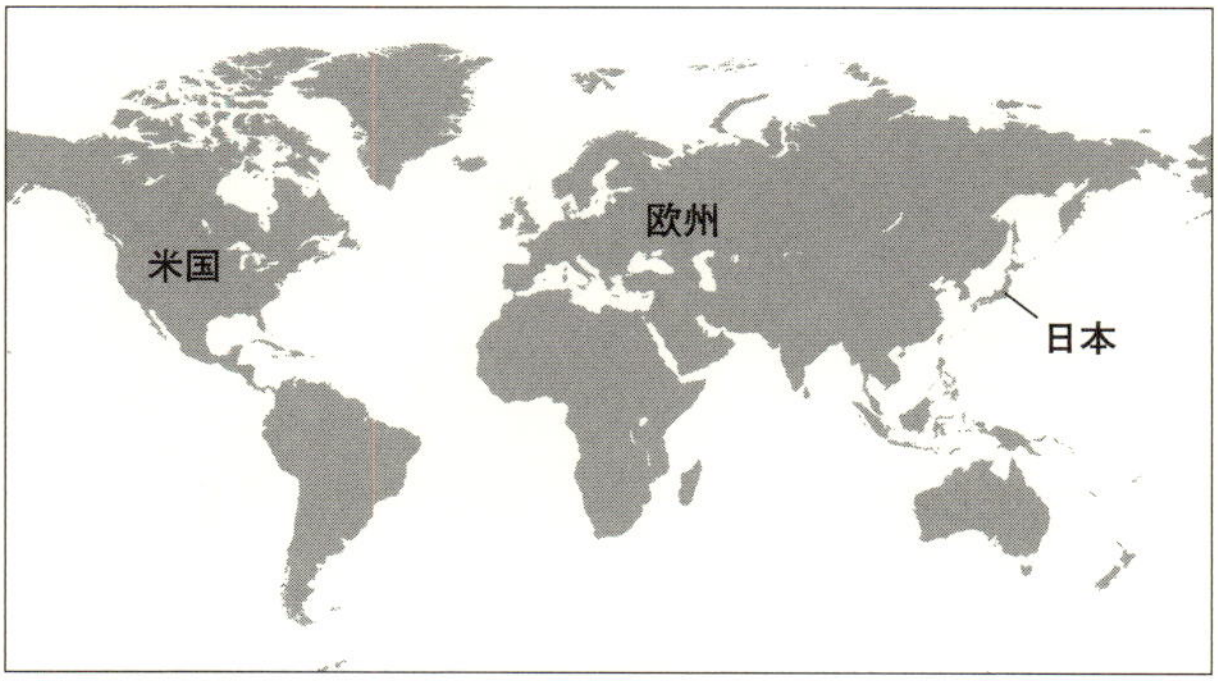

米国の地図

つまり、グローバル戦略を考えるときに、国によって、「右に攻める、左に攻める」あるいは、「東に攻める、西に攻める」の意味や方向性が極端に変わってしまうのです。地図はわかりやすい例ですが、こうした視点の違いや感覚の違いは、なかなか日本を離れないと気がつかなかったりします。

国を変えると感覚が違うということが、いたるところにあります。

壁といえば、文字通りの「国境の壁」もそのひとつです。

国と国に国境があるのは当たり前では、と思われるかもしれませんが、**そんなに単純な話ではなく、「国境への感覚」に壁があるのです。**

たとえば、イギリスについてです。日本人の感覚では、イギリスは欧州の一部、というイメージが強いのではないでしょうか。しかし、世界では「欧州は〜」と語るときに、イギリスは含まれていないことが多いのです。

ときどきイギリス人が、「欧州は〜」と語ることがありますが、そのときそこに自分たちは含まれていません。にもかかわらず、イギリスも含まれている欧州をイメージしている日本人が、これをそのまま真に受けてしまったら、ビジネスにおいて誤解が生じてしまうかもしれません。

イギリスは島国であり、イギリスと他の欧州は大陸が分かれています。陸続きではないせいかもしれませんが、イギリスでは明らかに他の欧州の人たちとは違う見方をします。

また、欧州における「欧州とイギリス」の感覚と同じように、日本人にとって、日本がアジアに含まれないという感覚があると思います。

しかし、欧米企業からすると、アジア本部に中国、台湾、韓国、シンガポール等の東南アジア諸国とともに、日本も含まれていることが多いです。欧州人からすると、日本人がもつ「欧州」のイメージと同じように、「アジア」ということでごちゃっとした同一地域に見えるのです。


面白いのは、そのイギリスとは切り離された欧州の主要国、フランス、ドイツ、イタリア、スペインは、それぞれまったく異なる言語を話す、ということです。イギリスを含めたら、五カ国で言語が同じところがひとつもないのです。

何がいいたいのかというと、日本人はついついー口で「欧州」と語ってしまいがちですが、日本人にとっては同じように見える欧州の国々は、それぞれがまったく別の国だということです。

これもある意味、コンテクストが違うともいえます。

もしかしたら欧米から自分たちがどう見られているか、ということを少しでも考えてみると、わかりやすいのかもしれません。

たとえば、韓国、台湾、中国、香港、タイ、インドネシア、日本などアジアの国々があって、それぞれの国はほとんど違う言葉をしゃべっていて、文化も慣習も異なるわけですが、欧米の人たちは「アジア」とひとくくりにしてしまいがちです。

極端な話、韓国と日本はお隣同士だから、同じような国なのかな、と思ってしまっている欧米人もいます。しかし、当の日本人にしてみれば、言語は違うし、考え方もビジネスも、まったく異なるのに……となってしまうわけです。

しかし、「ドイツとフランスは大きく違う」というときに、日本人にはその感覚がなかなかもてません。ドイツとフランスは、日本と韓国くらい違う国だ、ということを、あまり想像ができないのです。

ですので、グローバルなビジネス、海外向けのビジネスというと、みんないっしょくたな感覚をもってしまったりします。

しかし、米国に進出するのと、ドイツでビジネスをやろうとするのとでは、当たり前なのですが、まったく違うものなのです。

ところが、「欧米だから」と十把ひとからげにしてしまうリスクが日本人にはあります。「国境」には、大きな意味があるのです。

日本人が思っている以上に、そこには壁があります。

海外でビジネスをするときに、忘れてはならないことです。

遠さと近さの難しさがある、欧州でのビジネス

各国で違いが大きい欧州ではありますが、ことビジネスにおいては、EU（欧州連合）として機能しています。**ユーロという単一通貨が象徴していますが、両替が不必要な通貨ということだけでなく、物品の移動、関税、流通といったものがEU内で整備されていて、域内でのビジネスがとてもやりやすく**なっています。

逆にいうと、EU内で、国をまたいで商売するのを、妨げられることはありません。たとえばイタリアで契約しても、フランス、ドイツへの販売の制限は、EU法上、できないケースも出てきます。つまり、イタリアだけで商品戦略を展開することがなかなかできないことがあります。

最初から、欧州全土を視野に入れた戦略を立てることが必要になるのです。

考えてみれば、これは大変な話です。

たとえば、同じアジアだから、と日本で契約したものを中国やシンガポールでも同じ契約内で自由に売れるようになってしまうようなものです。もちろん、現在、日本や韓国ではそれは許されないでしょう。香港や中国でも同様です。

ところがEUでは、特定の国の特定の流通に契約する、ということが、法律上できなかったりするのです。ある意味、非常に面白いところです。

ただ、だからこそ難しいのは、ひとつの国に頼りすぎると、その国で失敗したときに、横の国に波及するスピードが速いということです。たとえば、スペインのライセンシー（ライセンス契約で許諾を受けた企業）が破綻《はたん》したりした場合に、少し経ってフランスに行くと、その商品がディスカウントスーパーで激安で売られていたりするのです。

各国から戦略をつくっていくわけですが、ベースの国が崩壊すると、他の国にダンピングをしてしまうのです。各社とも、自分の国がもっとも重要なので、他の国の市場をくずしてもかまわないような販売手法を選択したりします。

そこで、ビジネスのレベルをそれぞれの国で、それなりに一定量に保ち、他の国に入っても問題がないレベルにしておかないと、欧州全体として見たときにダンピングで市場が毀損《きそん》されかねないのです。

こういうことは、欧州で実際にビジネスをするまで、想定していませんでした。国ごとに違いはあるものの、一方でマーケットとしては統一感もあるわけですが、この遠さと近さが欧州の難しさだと実感しています。

なお、グローバル感覚で改めて思うのは、米国の考え方です。

米国映画では、スーパーヒーローは世界を救います。

しかし日本映画なら、やはり日本を救う映画が多いと思うのです。地球連邦軍といいながら、日本の国土を守っていたりします。ゴジラがそうですね。東京に上陸しようとして、引き返したら、ああよかった、で終わってしまいます。もしかすると、他の国を襲いに行ったのかもしれないのですが……。

しかし、米国映画はそうではありません。

地球を救おうとします。

空を飛ぶ特殊能力があれば、米国の名所を一周するのではなく、世界の名所を一周するのです。これは、映画のみならず、米国の考え方のひとつだと思います。米国を中心に世界を見すぎると批判されることもありますが、視点が最初からグローバルなのだと思います。

これには、米国の成り立ちも関係があるのでしょう。

自分の周りを見ても、欧州から、インドから、中国から、アフリカ大陸からと世界各国から人が集まって成り立っている国です。

みなさん、米国への愛情も強いですが、米国に移ってからも祖国のことを気にしながら生きているのです。

〈トレンド感覚の壁〉

世界の波を体感すると、先手を打てる

グローバルで起こっていることは、日々インターネット、テレビ、新聞、雑誌で追いかけることができます。特に世界中の株式市場や為替の情報は、多くのところで目にするグローバル情報の典型です。

また、GDP（国内総生産）や経済成長率、人口推移といったマクロの数字も、とても大切な指数だと思います。

しかし、**世界で起こっていることを「肌で体感する」と、次に起こることをもっと理解でき、リアクションをとりやすく**なります。

たとえば、アパレル業界ではファストファッション中心に価格破壊が起こっていますが、

最近、欧州では若者の間で、ファストファッションがラグジュアリーブランドのように位置づけされているという発言を聞くようになりました。以前はファストファッションは、GUCCI《グッチ》、PRADA《プラダ》、DIOR《ディオール》といったパリコレの流れを敏感に察知し、それを低価格帯で提供することで伸びてきました。

一方、今の若い世代は、それを見てきたので、ZARA《ザラ》そのものが、ラグジュアリーブランドと同じに思えてくるのです。

日本で「ユニクロが安くなくなってきたのでは？」という議論が出てくる現象と似ています。

また、イギリスではH&M《エイチアンドエム》が、ZARAやGAP《ギャップ》より一段低い価格帯でやっていますが、それよりさらに低い価格帯のUKのPRIMARK《プライマーク》社がシェアを伸ばして急進しています。もはや、ZARAの価格帯がすごく高く見えてしまうのです。

最大の特徴は、ファッション性の高さです。ただ、品質はよくありません。

しかし、今の若い世代はそれを好むようです。あまりに安いので、一回着ただけで、あるいはちょっと劣化したらすぐに捨てたりします。服を大事に着るという世代ではないのでしょう。価値観がすっかり変わっているのです。

また、たとえば、中国では、外資規制のため、中国産以外の映画はほとんど上映されません。結果として、ディズニー、ワーナーといった米国の映画の上映が限定されているため、世界でヒットしているキャラクターも中国では苦戦しています。映画でもヒットしている作品が違います。

たとえば、二〇一五年の夏は中国で「ＭＯＮＳＴＥＲ《モンスター》 ＨＵＮＴ《ハント》」や、「ＴＨＥ《ザ》 ＭＯＮＫＥＹ《モンキー》 ＫＩＮＧ《キング》」という作品が大ヒットしましたが、日本や欧米でその作品のことを知っている人はあまりいません。また、ＤＶＤの発売もないため、日米で騒がれているＮｅｔｆｌｉｘ《ネットフリックス》以上に、劇場公開後のネット流通戦略が重要視されます。また、トレンドの移り変わりも激しく、旬が短いので、ビジネスの回収モデル（劇場公開とオンラインによる配信収入）が映画公開から2～3カ月と短くなっています。

中国独自のプレーヤーが、映画に限らず、たとえば、インターネット業界においても、Ｅコマースのアリババ（阿里巴巴）、ＳＮＳ（ソーシャル・ネットワーキング・サービス）のテンセント（騰訊控股）、検索エンジンのＢａｉｄｕ《バイドゥ》（百度）、スマートフォンの

Ｘｉａｏｍｉ《シャオミ》等、独自に形成されている現象も同じといえるでしょう。

また製造面では、ディズニーが、いち早くチャイルドレイバー（児童労働）問題に対応するべく、子どもに過酷な労働を強いている工場が多いといわれているバングラデシュでの製造をやめることを決定し、実行に移しています。

一方、同じバングラデシュであっても、一二～一六歳に適正な労働環境を与えないと、特に女性の場合には、もっと危険な状況の職場にさらされることになってしまうため、適切な研修制度を設けたりすることで、製造管理をきちんと整えた製造工場も増え、管理ができるように変化しつつもあります。

あるいは、バングラデシュよりもエチオピアのほうが、労働賃金が三分の一でありながらも、労働意欲が高いということで、製造現場がアフリカへシフトしてきているのを身近で感じています。

最近、シンガポールでは、三菱商事も出資したオラム社が、食品流通でどこで誰が何をどうやって製造しているのかということを原材料レベルで追う、いわゆるフットプリントを厳格化すべく、食品の流通を変えているという話を聞いて感銘を受けました。

これは、米国を中心にした小売りや消費者運動、フットプリント提示の法令化を意識し、先取りした、企業の動きになります。

テクノロジーの変化にもめまぐるしいものがあります。

インドでは冷蔵庫よりも携帯電話を先に買う消費者が多いというし、インターネットのサービスプレーヤーの変化はめまぐるしく、数年前にサンリオと契約したものの、その後いなくなった企業も何社もありますが、新しく台頭してきた企業も数多くあります。

アフリカでは、ローカルのライセンシーであった石鹸会社が、欧米大手のP&Gやユニリーバのような会社に買収され、近代化が激しく進んでいくのを体感しています。

それ以外にも、生活レベルでは、土地やホテルの値段が上がっていく様や、有名レストラン、ハンバーガーチェーンの国際展開、目抜き通りで何がディスプレイされているか等で、世界の動きを見ることができます。

このように、**世界で何が起きているのか、何が脅威になっているのか、何がイノベーションのキーになりそうかということに敏感でいると、グローバルの先手を打つことができる**のです。

世界のスピードについていくには

海外にいて日本に帰ってくると、痛感することになるのが、ビジネススピードの差です。

やはり、海外ではトレンドを感じるだけでなく、そうした変化のスピードが圧倒的に速い、ということを認識しておく必要があります。とりわけ、米国は速く、中でもシリコンバレーは本当に速いです。

私は欧州も担当していたので、欧州に移り住むという選択肢もあったのかもしれませんが、そこに踏み切れなかったのは、シリコンバレーの変化があまりに速く、それを間近に見ていないと取り残されてしまうという不安が大きかったからです。

実際、テクノロジーもカルチャーも、どんどん変わっています。

そして、それに適応して産業も企業もどんどん変わっています。

かつてはドッグイヤーといわれた米国の成功したビジネスモデルを日本にもってくるタイムマシン経営がもてはやされましたが、今はもうそれもできなくなりつつあります。特にＩＴの世界では、普及も速いですし、数カ月で状況が変わってしまうこともあるからです。

シリコンバレーは、必ずしも世界初のイノベーションが起きる中心地ではありませんが、ダイナミックに成長できる土壌があります。Google《グーグル》も世界初の検索エンジンではありありませんし、Uber《ウーバー》も世界初のシェアタクシーの会社ではありませんし、Face《フェイス》book《ブック》も世界初のSNSではないですが、この地でダイナミックに進化し、企業として発展しています。

ITだから速いのだろう、ダイナミックなのだろうと考える方もいるかもしれませんが、そのスピードの波、ダイナミックな動きは他の産業にもどんどん伝播《でんぱ》しています。思い切った施策で一気にマーケットをかっさらおう、という動きも次々出てきています。

よし悪しの問題ではなく、こういう企業が大きく成長している現実があります。

グローバル企業は、こうした変化の中に身を置いているということを、われわれは再認識する必要があります。

とはいえ、私は、NY、LA、パリ、ロンドン、上海、東京も含めて、いろんな都市に行きますが、マーケットリサーチをするうえで気をつけたほうがよいと感じていることがあります。それは、**大都市で起こっていることがその国で起こっていることと同義だと勘違いしないようにする**ことです。

こうした大都市は、その国で起こっている現象を代表しているように見えて、実はそうでないことが多々あります。また、最近は、大都市では同じ高級ブランドや似通ったチェーンばかりで、同じように見え、消費特性の違いもわかりにくくなってきています。

また、大都会にはスーパーマーケットのような大型量販店がそれほどなく、実際の流通が見られないことが多いため、マーケットを知るには大都会の調査は実はあまり意味がないのです。

たとえば、NYの中心では、サンリオの主力流通の「ウォルマート」や「ターゲット」という二大量販店を見ることはできません。パリでも郊外に一時間行かないと、「カルフール」がありません。ロンドンにおける「テスコ」、東京における「イオン」もしかりです。

逆に表現すれば、**マーケティングの際は必ず、併せて郊外も廻る**ことです。

パリに行けば、一時間離れた郊外のショッピングセンターを廻り、ロンドンでも一時間離れた郊外エリアを散策し、その地域や国の本当の姿を感じるためのマーケットリサーチを行うのです。

日本企業にとって難しいのは、日本にフォーカスしすぎると、海外から遅れてしまうし、海外にフォーカスしすぎると、日本と合わなくなってくるリスクがあることです。

エンターテインメント事業でもそうですが、結局のところ、日本で爆発的に流行ったものが、海外で受け入れられるのかといえば、必ずしもそうではありません。国内では業績が絶好調でも、海外ではそうでもなかったりします。

実際には、日本に暮らしながら、海外での成功イメージをつくることや海外のスピードを実感するのは、難しいかもしれません。その意味でも、海外に身を置いて実際に住む意味は大きいと思っています。そうすることで、本来あるべき姿にも、向き合っていけるでしょう。

これはスピードに限らずですが、**日本人や日本企業は、世界で当たり前になっている、グローバル競争からどんどん乖離《かいり》してしまっている**のかもしれません。その現実としっかり向き合わないといけないでしょう。

私は日本に戻ってくると浦島太郎の気分になることがあります。

〈変革の壁〉
イノベーションを鮮明に感じるということ

二〇一五年、ドイツが移民を約八〇万人規模で受け入れると表明しています。ドイツ国内でも賛否両論です。これは社会に新たな知や労働力が入るからいいという人もいれば、受け入れたくないという人もいます。受け入れたくない人は、「話す言語も違う、肌の色や見た目も違う、そうした人が増えてきて、自分の国のようでなくなってきていると感じる、住みにくくなった」といっていました。

とはいえ、ドイツ以外でも、米国をはじめ、**海外では社会全体が違うものを受け入れていく土壌があります。**

一方、日本では、移民の受け入れはごくわずかで、社会におけるインパクトがあるほどは受け入れをしていません。おそらく、島国の日本にいると、海外から人が流入してくる感覚を理解することはなかなか難しいのではないでしょうか。

また、日本に比べると、海外では企業の変革も速く、大胆に変わっていると感じます。ビデオレンタルのＢｌｏｃｋｂｕｓｔｅｒ《ブロックバスター》が破綻し、Ｎｅｔｆｌｉｘが台頭、Ｂｏｒｄｅｒｓ《ボーダーズ》やＢａｒｎｅｓ＆Ｎｏｂｌｅ《バーンズアンドノーブル》がなくなり、Ａｍａｚｏｎで本を買うようになる、従来のタクシーはあまり使わなくなり、配車サービスのＵｂｅｒが中心に、ホテルに泊まらずＡｉｒｂｎｂ《エアビーアンドビー》に、高級自動車の人気車種ランキングもフェラーリからテスラに、と目に見えるような変化が生活の実感としてあります。

社会が変わっていくのが速い、イノベーションが起こるのが速い、そうは耳にしても、感覚としてわかりづらいと思うのですが、実際にお店がなくなっていき、使うサービスが変わっていくと、その変化を鮮明に感じることができます。

こうした社会変革が起きる環境に暮らすことは、会社を変革することの下地になると思っています。変革の感触や必要性にも抵抗感が少なくなって受け入れられるようになってくるのです。

〈交渉術の壁〉

交渉で半分の人は嘘をついたことがある

海外でビジネスするときには、交渉術の壁も大きいのではないでしょうか。

たとえば米国人同士が交渉している様子を見ると、日本人はみんな驚いてしまいます。

なぜなら、まるでケンカをしているように見えるくらいの白熱した議論をして、ああでもない、こうでもない、ここは譲れない、とやっているからです。

そんな交渉をするのが米国人ですから、日本人相手の交渉となると、日本人はグイグイと押しやられてしまうことが少なくありません。


米国人の交渉は何が違うのかというと、**交渉のテーブルに着く前に、交渉のポイントをしっかりまとめている**点です。どこで妥協できるか、を決めています。交渉の際には、その妥協点をくずしません。

実際に妥協できる条件はもっと低いのですが、あえて高く設定した妥協点を、交渉の中ではなるべくくずさないのです。だから、結果的にその高い妥協点で着地できることが多いのです。

日本人は多くの場合、相手の妥協点を知りたがります。交渉の際、自分たちの交渉のポイントをまとめておくというよりは、相手の出方を待ってしまいがちです。そして、そのちょっと下くらいで、着地しようとします。

本当なら、提示された妥協点よりも、かなり低いところで交渉できたかもしれません。しかし、提示された妥協点こそが本当の妥協点だと認識して、ここでよかろう、と納得してしまうことが多いのです。

米国人同士の交渉がどうしてケンカのようになるのかというと、その妥協点は必ずしも本当の姿を現していないと思っているからでしょう。むしろ、お互いが飲み込める妥協点を探り当てようとします。

ハーバード・ケネディースクールの交渉プログラムで聞いた話なのですが、**「交渉にお**

いては、嘘をついたことがあると答えた人が半分以上だった」という統計データもあるそうです。

交渉は自分の主張と相手の主張を戦わせるところからはじまるわけですが、もともとその主張に嘘が含まれている可能性があるということも頭に入れておくことが必要です。

日本人は、目の前で人にわめかれたりすると、自分が何か悪いことでもしたのかという気分になってしまうものです。結果的に、条件をどんどん落としていってしまう、といったことが起こりがちです。

冷静に相手の本当の妥協点を見抜けるか、が問われてくるのです。

現地の交渉は、現地の人に任せる

他にもこんなことがあります。

たとえば、契約書をどちらがつくるかですが、契約書というのは、先に出すほうが優位になりやすい側面もあります。というのは先に交渉条件を出せるからです。契約書を受け取る側は、相手が決めた土俵の中で交渉をしていくことになりかねないのです。

米国人は、こういった場のつくり方がうまいともいえます。

逆に日本人には苦手なことかもしれません。

日本では、多くの場合、交渉の前にまずは世間話で場を和まし、交渉がその後からはじまりますが、米国ではこれがあまりないのです。欧州やアジアでは、最初に共通項を探るような天気の話もしたりはしますが、米国ではまずありません。いきなり本件がはじまったりします。

これは、ビジネスとプライベートの線引きをするか否かに起因していると思っています。ビジネスはビジネス、プライベートはプライベート、線引きが米国のほうがはっきりしていて使い分けがしっかりされていると感じます。お互いにドライなところもあるのでしょう。

面白いのは、はじまる前のあいさつはきちんとして、ハグをすることもあるのに、交渉はものすごく緊迫することです。

しかし、テーブルに座った瞬間からスイッチが入ります。この空気に、飲み込まれてしまう日本人は少なくないようです。

国によっては、交渉ごとはプロセスを楽しんだりするものだったりします。よくトルコでペルシャ絨毯《じゅうたん》を買うときや市場で買い物をする際には、必ず価格交渉をしろ、といわれます。いわれた価格で買う人は皆無で、必ず交渉して買います。

実際、価格を提示していても、それでは売れません。買う側が売る側にいくら引いてくれるのか、と交渉をして、値段を下げてもらって買います。ディスカウントしてもらわないと、買った気分にならないのです。

面白いのは、売った側も交渉をしないと売った気にならない、ということです。値引き要求がないと、もっと高く売れたんじゃないかと安く売ってしまった気分になり、損した気分になるのです。

一方、**欧州やアジアでは、交渉において、米国ほどドライではありません。**お互いが提示したものに対して、お互いの納得感をつくっていこうとすることが多いです。しかし、それでも交渉の難しさには変わりがありません。

実のところ、海外ビジネスで日本人が交渉をするのは、極めて難しいのではないかと思うこともあります。

そこで必要な結果を出すための**選択肢として、日本人が交渉しないということも考えること**です。米国人との交渉は、米国人に任せます。フランス人との交渉はフランス人に、中国人との交渉は中国人に任せるのです。

プロフェッショナルを入れる「ハリウッド流」交渉術

交渉術の前に、英語自体が苦手だ、という人もいるかもしれません。これも、恥ずかしがる必要はまったくありません。

それこそ、多種多様な人が住んでいるのが、米国です。

多様で複雑な社会では、言葉の意味がシンプルに通じないことがあります。

やはり、その都度きちんと意味を確認することが必須です。

相手の言葉の意味を確認する行動は、米国に暮らしていると、義務のようなところがあります。何度でも聞き返していいし、わからないときはわからないといったほうがいいでしょう。聞き直されることに、みんな慣れています。

とはいえ、プロフェッショナルなことに関する英語の壁は、生活レベルのそれよりかなり高いです。完璧な英語で、たとえば難しい契約交渉をしよう、などという場合は、相当な英語力が求められます。

特に欧米の契約書と日本の契約書はかなり違います。分厚さが象徴していますが、日本では一枚で済む契約書も、欧米では数十枚におよぶことがあります。

これは、日本の契約は、習慣や信頼関係に基づいて行われることが多いので、細かいことは書面にしておく必要がなく、事後協議が前提になっているのに対して、欧米では、詳細項目に関して協議を事前に決めておくことや、あらかじめ想定されるケースを事前に契約書に明記しておくという違いから来ているのでしょう。

この習慣の違いのため、多くの日本企業が、今後想定されるケースを考えて契約書を協議するのが苦手で、そもそも必要な契約事項を念頭に入れずに契約してしまうケースを多く見てきました。

米国において、面白いと思ったのは、「ハリウッド流」の交渉術です。

ハリウッドのスタジオにおいては、担当者同士が交渉することは極めて稀《まれ》で、弁護士事務所、代理人プロデューサー、エージェントを経由して詳細を交渉していくことが一般的です。これにより、スタジオ側は、これから付き合うであろう相手との良好な関係を維持します。

これは、日本では、テレビ局が直接、クライアントと広告枠の交渉をするのではなく、電通や博報堂といった広告代理店経由で交渉するのに似ています。交渉を二重構造化して、テレビ局はクライアントに都合の悪い話を直接せずに済むのです。

また、各国の政府間交渉や、警察が誘拐犯と交渉する場において、政治家や関係省庁といった政府機関や警察が直接交渉するのではなく、ハーバード・ケネディースクールの交渉専門機関といったところが交渉を代行することがあるのはよく知られています。

つまり、米国においては、交渉という難題を、ときによっては外部に任せる、要するに**プロフェッショナルを取り入れて行うこともありなのです。**

プロフェッショナルに任せつつ、自分の言葉でも交渉するという、二本立てでいくのを私はおすすめしています。

〈国柄の壁〉
国柄の違いで、マネージメントに苦労する

よく、「この国の人たちには、こんな傾向がある」といったことがテレビや雑誌などで、紹介されたりします。ステレオタイプになる危険は潜んでいるものの、これがあながち無視できないものだと感じることがあります。

たとえば欧州なら、ドイツはやはり堅いイメージで、ファイナンスに強くて、何でもきっちりやるタイプという人が周りに多く、まさにこれは当たっているなと感じています。

そして同じ欧州でも、イタリアやスペインは、とにかく明るさはあるものの、感情的で、営業や独特のクリエイティブには強いのですが、管理面や約束事に関しては、日本人からすると、かなりいい加減に感じられる人たちもたくさんいます。

一方、フランスには、独特で、主張が強く、フランス中心、欧州中心に考える傾向があ

る人が多いという側面があります。

こうした**各国の人たちの個性は、当然のことながら、マネージメントをする際の苦労につながる**ケースも少なくありません。

私はサンリオで欧州担当も長く務めていましたが、特にグローバルの大きな戦略をつくるときに、ひとつ困ることがありました。

それは、どの国の担当者を、そのリーダーにすえるかによって、ビジネスの志向が大きく変わってしまいやすいということです。

当たり前のことではありますが、フランス人のマネージャーは、フランス市場を第一に考えて、フランスのライセンシーとビジネスをしたがる傾向があります。そこから、ドイツ、イタリア、イギリスなどに展開したいと考えるのです。

一方、イギリス人の担当者は、イギリスを中心として、イギリスのライセンシーとイギリスのネットワークから、フランス、ドイツ、イタリア、スペインへと展開したいと考えがちです。

そしてイタリアのチームは、イタリアをベースにイタリアのライセンシーで、イタリアからフランス、ドイツ、イギリスに展開したいと考えることが多いのです。

やはり国ごとのコンペティティブネス（競争心）やチームのつくり方、優先順位にものすごく色彩が出てしまうので、そうした癖を理解したうえで、欧州全体を視野に入れた戦略が動くように配慮しています。

職場を不穏にしかねないジョークは厳しく指導

そして欧州の国の人々は、アジア以上にお互いの国柄について、でき上がったイメージをもっていることも多いです。

たとえば、フランス人が「いや、彼はドイツ人だから……」といい、ドイツ人は「いや、彼はイタリア人だから……」といい、イタリア人は「いや、彼女はフランス人だから……」という発言がしょっちゅう出てくるのです。

ご想像いただけると思いますが、いずれもネガティブな表現です。そのセリフの後に、かっこ付きで（ドイツ人は堅すぎるんだよ）、（イタリア人はいい加減だからな）、（フランス人は独りよがりだから）といったニュアンスがくっついています。

欧州の中では、そうした人種へのイメージが確立されていて、それを各国の人たちは自覚してもいるのです。イタリア人はよく、自虐的に「オレはイタリアの飛行機には乗らない（遅れるからだ）」と平気でいうことがあります。

中には面白いものもありますが、こうしたネガティブなジョークや軽口で、いきすぎたものは、自分はあまり好きではありません。いい部分、悪い部分を、気兼ねなくいっているようでいて、だんだんヒートアップして、他の人種を不愉快にさせるような言動も出てきたりすると困ります。

また、一方的に、もっているバイアス（先入観）を周りに強制することになってしまいます。

そのうえ、そういうときには、いわれたほうが、「あれはやめさせてほしい」と私にいってきたりすることも多かったです。当初はどうしてそれが問題なのか、わからないこともありました。

しかし、特にグローバルチームでは、本来、欧州としてまとまらなければいけないところで、特定の国のカラーが出すぎた場合、無意味な対立構造を形成し、それを助長することになりかねません。ですので、やはり国の違いをジョークにすることはやめたほうがいいと考えています。これに関しては、日本人にだけでなく、現地の人にも気をつけるように厳しく指摘し、改善させてきました。

日本人にはまったくわからない、こういうことが、外国人間で頻繁に起こりうるということは、認識しておいたほうがいいと思います。

国によってマーケットの気質も違う

さて、マーケットの特徴も、国によってさまざまです。

たとえば、ドイツでは消費者が価格に極めて敏感です。一ユーロでも安いところに消費者は足を運びます。したがって、安い価格帯の商品やディスカウンター（安売り店）の流通網が発達しています。また、価格競争力があるネット流通も広がりやすいです。

一方、同じ欧州でも、イタリア人はドイツに比べると価格やコストをそこまで気にしません。それなりの価格でも価値があるものにはきちんとお金を使います。

そのため、ディスカウンターのイメージもよくありません。また、卸業がまだ成立していて、小売りの寡占化《かせんか》が進んでいません。

スペインでは、低価格帯が好まれますが、小売り網の寡占化が進みつつあるのも見てきました。


このように、**その国の人々の気質は、小売りのスタイルにも反映されます。**

ビジネススタイルに、大いに影響するのです。

実際、ドイツ人とのビジネスは、かっちりしています。価格交渉は厳しいですが、意思決定もしっかりしています。出された言葉は、そのまま実行されるといっていいでしょう。言葉にしっかりと、重みがあるということです。

しかし、イタリアやスペインは、言葉の意味合いがとてもあいまいだという印象が私にはあります。

これは、女性と見れば誰彼構わず「キレイだ」と男性が口に出す文化と無関係ではないと思っています。日本人には言葉が極めて軽く感じられてしまうことがあります。

したがって、そういう意識でコミュニケーションをしたり、ビジネスをしていくとよいでしょう。

〈国際競争力の壁〉

日本より圧倒的に競争意識が高い海外

世界を席巻《せっけん》しているグローバル企業と日本企業とでは、〝国際競争力〟に壁がある、とはよくいわれることです。

これは実際にあると私も感じています。

その最大の理由は、周囲の環境が極めてコンペティティブ（競争的）だということです。したがって世界に出て行ったら、日本よりも周囲ははるかに競争意識が強いと感じています。それを端的に象徴しているのが、上場企業のＣＥＯ（最高経営責任者）だと思っています。

米国の取締役会でＣＥＯが置かれる立場というのは、とても厳しいものがあります。創業者であろうと、クビを切られて去ることになるケースも珍しくありません。

日本では、社内でトップになって勝ち残り、さらに社内的な立場を維持する、ということに目が向きがちです。日本企業では、社内政治という難しさがある一方で、株式の持ち合いなども慣例化されていて、株主やマーケットからのプレッシャーは、米国よりはかからないのではないかと思います。

欧米型の上場企業のＣＥＯの立場で、それを継続していくために必要なのは、社内政治ではなく、パフォーマンスを上げることと、厳しい社外取締役や株主の評価に応えられるか、ということにつきます。

いわゆるピアプレッシャー（周囲からの圧力）のあり方が、まったく違うともいえます。**外部の視点、株式マーケットや市場の消費者に近いところ、いってみればマスの発想で会社が運営されていく**のです。そして、結果を出せなければ、すぐにクビを切られます。

常に外を見ているのが欧米型企業で、対して、常に内を見ることにも力を入れないといけないのが日本企業ともいえます。

事業そのものや外部環境への変化に集中できない経営構造になっているこの点こそが、日本の競争力を落としている一因といえるかもしれません。

ＣＥＯもコンペティティブですが、それを取り巻く社外取締役もコンペティティブだったりします。ハーバード・ビジネススクールでは、社外取締役になるための履歴書の書き方の講座が用意されていました。

自分は社外取締役として、ふさわしい能力をこれだけもっている、ということを、いかに履歴書にうまく書けるか。戦略構築能力や知識、取締役会への貢献、新しいＣＥＯ探しへの貢献、リーダーシップや影響力、監査の能力、ネットワークなどなど。なにしろ、社外取締役になるのも競争率が高いのです。

有名だから、とか、過去に実績があるから、というだけでは評価されません。実際、社外取締役の人材プールは、膨大です。日本の社外取締役とどちらが優秀か、などということは一概にはいえませんが、米国でコンペティティブに社外取締役になるためのトレーニングを積んだ人たちとは、かなり差があるのではないかと感じています。

これは役員レベルのみならず、個人のスキルにおいても同じかもしれません。**グローバル企業では、社内でどうやってネットワークを構築し、うまく社内政治するかというような感覚はほとんどない**のです。

上長に対する感覚もずいぶん違うと思います。海外企業のほうが、上長の裁量権が大きいなど、どちらかというと日本企業よりも上司の権限は強いと思いますが、部下は「だから上長に媚《こ》びよう」ということにはなりません。

常に上長を飛び越えようとしたり、**上長が高いパフォーマンスを出していない場合は、自分のほうが上長にふさわしいという主張をして、いつでも取って代わってやる、という意識をもっている社員が少なくない**のです。そしてそれを、上長もよくわかっています。

それこそ、上司がパフォーマンスしていないのに、どうして自分がパフォーマンスする義務があるのか、という議論にもなります。

過去の成功体験が、競争力を落とす

それから日本の大企業のネックになるのが、過去の成功体験です。

これがなかなか捨てられないようです。

過去、国際競争で勝ったことのある企業は、そのビジネスからなかなか脱却できないのです。いわゆるレガシー（遺産）ビジネスの存在です。

守らなければいけないものをもっていると、なかなか新しいものに飛び込めません。

本来はすばらしいサービスないしビジネスができたかもしれないのに、過去に大きく成功したレガシービジネスをもっているため、それを消費者にどうにか売ろうとしてしまうのです。しかし結局儲からなくて、売却もできず……。そんなケースは少なくないのではないでしょうか。

過去の成功が、次なる成功のためのネックになってしまっているのです。

昔からのものと新しいものと両方をやろうとしても、どちらも中途半端になってしまい、結局、遅れていってしまうこともあります。また、日本国内を守ろうとして、海外進出が遅れてしまう、というのも同じことです。

世界から見れば、日本は小さなマーケットにすぎません。

数十億人のマーケットが、すぐ外にあります。

それこそ米国企業の中では、伝統的な名門事業であってすら、売却し、業態変化を積極的にする企業もあります。レガシービジネスが企業を滅ぼすこともあるという恐ろしさをよくわかっているのです。

いつまでもレガシービジネスにこだわっていたら、社外取締役からクビを宣告されかねません。

その意味で、**日本は国全体として、変化が少ないのかもしれません。**国内のプレーヤーも、メインプレーヤーがそれほど変わっていないのが特徴です。

テレビ局も、お菓子メーカーも、電機メーカーも、変化はあるものの、欧米諸国と比較すると淘汰《とうた》されて、新しいプレーヤーが席巻していく、ということが少ないのです。

特に米国では、古いものは淘汰されて、どんどん入れ替わっていきます。もちろんがんばっていれば生き残れますが、本気でがんばっていないところは、新しいプレーヤーに取って代わられて、統廃合もどんどん進みます。

背景にあるのは、消費者もさることながら、企業経営と投資家のシビアさだと私は見ています。いくらでも代わりはいる、結果を出せなければ、さようなら、と宣告されてしまうということです。

日本はそのような競争環境がないのです。上昇志向も変化を求める意識も小さい、といえるかもしれません。しかし、これは国内なら通用するのかもしれませんが、今の海外では通用しないのです。

グローバル環境の中では、日本が地盤沈下していってしまう危険性が潜んでいるので、私は心配しています。

〈ガバナンスの壁〉

海外では社内からの取締役は一人だけ

米国の会社の経営に携わって、改めて実感しているのが、日本と海外の会社のガバナンス（企業統治）の違いです。ここに壁があると認識しておくことは、海外に子会社をもつ際に大きく生きてくるでしょう。

最近、コーポレートガバナンスコード（上場企業の行動規範）の開始だけでなく、スチュワードシップコード（機関投資家側の行動規範）の開始や社外取締役の本格活用など、**コーポレートガバナンス改革**が日本でもキーワードになってきています。

海外ではすでに、取締役会の構成は、取締役は社内から一人か二人、社外が大多数というのが一般的になってきています。ＣＥＯが一人と、残りは社外取締役、欧州やシンガポールでは、取締役会議長とＣＥＯが分離されるのも一般的です。

そして取締役会は、四半期に一度。三カ月に一回だけしかありません。日本では、取締役による経営会議が毎月ある会社も少なくありませんが、こんなことは海外ではありません。それこそ、そんなに頻繁に取締役会があったら、社外取締役は出席できないためです。

しかし、日本人には少なく思える三カ月に一回の取締役会で、どうやって経営をしていくのか、どうやって管理を行っていくのか、イメージがまったくもてないという声を、日本で実際に取締役をされている方々からはよく聞きます。

海外では英語で取締役会に関して話をする際には、「ボード」と「マネージメント」という言葉の使い方をしますが、「ボード」が取締役会、「マネージメント」が執行役員を示します。この両者が同じであることが少ないのです。

「ボード」が「マネージメント」の方向性を決める、「ボード」が「マネージメント」の判断に挑戦する、「ボード」が「CEO」と新しい方向性を議論する、ということがトピックになったりしますが、日本では、「ボード」＝「マネージメント」＝「CEO」はその一部」なので、同じ議論をしたり、感覚をもつのが困難です。

もともと、日本で行われている取締役会というのは、経営会議や幹部会と同じような感覚なのではないかと思っています。言葉を換えれば、現場に深く関わることが議論の中心になります。それこそ、現場に近い意思決定も含めて、取締役会で決議するので、毎月、開く必要があるわけです。

海外の場合は、三カ月に一度決めればいいことだけに、議論すべき対象を絞っています。それこそ、一カ月スパンで決めなければいけないようなことは、いわば取締役の見るところではないということになります。取締役は、もっと大きな視点で経営を見ていくということなのです。

例が極端で恐縮ですが、親が子どもの宿題を毎日見るようなガバナンスはしないのです。毎日ちゃんと宿題をやっていたところで、もしかすると子どもの能力の開発にはなっていないケースもあります。長期的に見たら、こういう方向性で取り組んだほうがいい、という考えは、毎日の宿題をチェックしている親には見えにくいもの。それより外から見たほうがわかるかもしれません。社外取締役には、そのような意味があるのです。

むしろ、毎日、毎週は見ない。

そうすることで、**長期的な能力開発を意識することができます。こうした役割分担が、海外のマネージメントの発想**です。そしてこれが、効果的に機能しています。

コーポレートガバナンスは単なる株主へのパフォーマンスではなく、企業がどのように繁栄していくのかという真剣な取り組みであるべきです。

取締役会並びに取締役は、株主のために正しいことをしているかを確認していくことが求められます。

海外でも、昔は今の日本のような取締役会の運営が行われていたようです。しかし、この二〇年で大きく変わってきました。

取締役とは何なのか、改めて議論され、進化していったのです。そして、それが受け入れられていきました。なぜなら、このほうがうまくいく、結果が出せる、というプロセスを経てきたからでしょう。

また、コーポレートガバナンスは、リーダーシップの変革ともいえます。

企業が個々人のリーダーシップにより導かれるのではなく、組織によるリーダーシップで導かれる道があるのかどうか探るのが、つまり、取締役会を集合体として機能させられるかどうかということが前提のひとつになっています。

海外の取締役会は、集中的に行われます。場所を変えて、二日間ほどカンヅメになって行うこともあります。朝から晩まで、会社で起こっていることを理解し、ディスカッションします。必要に応じて、現場からもプレゼンテーションをしてもらいます。

興味深いのは、CEOを入れて行うディスカッションと、CEOを入れないで行うディスカッションがあることです。今、行われている経営が、会社の方針としてまちがっていないかどうか、社内の人間が一人もいない環境の中で議論するのです。そこから出る方針次第で、CEOはいつでもクビにされるリスクを背負っています。

そこで、説明責任が極めて重要になります。CEOはもちろん、現場からのプレゼンテーションも極めて能力が問われます。なぜなら、社外取締役は社外の人だから、**「これは、詳しくいわなくてもわかりますよね」が通用しません。**そういう社外取締役たちに説明しなくてはいけないのです。

そしてそういう人たちが、監査をしたり、報奨を決めたり、サクセッションプラン（次世代のリーダー等を育成する後継者育成計画のこと）にゴーサインを出していきます。

まさに株主に代わって、社外取締役が経営を監視し、正しい方向に向かわせる役割を担うわけです。

特に米国では、ダイバーシティ（多様性）という考え方が深まり、女性も取締役構成に入れないといけない、人種も取締役構成で多様化しなければならないといったことが法令化され、経営のイノベーションの確度が高まるような構造を取り入れています。

監督がフォワードやゴールキーパーをやってはいけない

グローバルスタンダードのガバナンスのひとつには、「説明責任」があります。

しかし、海外投資家からよく聞こえてくるのは、日本人は、会社の説明があまりうまくない、という指摘です。

多くの日本企業の人が、自分の事業や数字をうまく外部に説明できません。

特徴として、日本企業は内部を強く意識していて、外部に対する意識が弱い面があるようです。

自社内の組織、社内の部署の関係者、いつもの取引先といった身近な者への意識はしっかり向いていますが、たとえば株主や消費者といった外部に向けてはどうか、という視点が少なくなりがちです。

意識をどう外に広げていくか、というのも、取締役や特に社外取締役の役割のひとつです。高い視点から、バランスの悪さを修正していくのです。

この意味でも、社外取締役は現場のことをそこまで知らなくてもできます。視点の高さこそが重要となります。

実際、社外取締役には、現場の細かなこと、業界特有のことを見るのは現実的には難しいですし、そのような能力は必ずしも必要ではありません。にもかかわらず、日本の場合は、取締役がそうした特殊なものをもっていなければならないという考え方がある側面もあります。

むしろそれは、内向きの視点を強化させ、外向きの視点を薄めることになってしまいがちです。

それこそ、実行する人と管理する人が同じであれば、評価のしようがありませんし、外部視点も得られるはずがありません。常に変わらない環境の中では、過去にうまくいったことをやっていればいいわけですが、環境が大きく変わっていくことに対応していかなければなりません。

そんな中で最適解を出すための第三者の視点が、社外取締役です。

このような**シンプルなガバナンスにすると、自分たちが集中して考えなければいけないことに集中できて、高い視点に時間をかけられるようになります。**会社の将来について、あるいは適切なリソース配分について。細かなところにとらわれていたら見えてこないものが、はっきり見えてくるようになります。

そしてもうひとつは、評価がしやすい、ということです。一定期間、責任をもった実行プランで結果が出るのか、出ないのか、試させることができます。

また、常に会社にとって、これから向かう戦略や方向性にとって正しい取締役会の構成であるかを自ら問いて確認していくことが前提です。まちがった取締役の構成で議論しても、まちがった結論しか導かれない可能性が高いのです。

日本のガバナンスと、海外のガバナンスと、どちらが正しいのか、という結論は私にも出せませんが、少なくとも、こういうガバナンスが海外では一般的になっている、ということは知っておいたほうがいいと思っています。

それこそ、サッカーの監督は自らフィールドに立ってボールを追いかけたりはしないのです。また、ボールだけを見ていたら、全体の指揮はできなくなります。

監督の役割と、オーナーの役割と、コーチの役割と、選手の役割は違うのです。

事業や子会社の管理を行うのは、サッカーチームでいったらオーナーです。

オーナーは、ベンチの外、フィールドの高いところから試合全体や経営を見ることが大事です。そうすると、プレーヤーの状況だけでなく、スタジアムのお客の入りがびっくりするくらい減っていた、なんてことにも気づけます。

そこに気づけるのは、オーナー＝取締役だけなのです。

第 2 章

私はこうして、海外展開していった

～海外で成功するためのカギは、「現地化」

〈現地化の壁〉

海外事業を、どれだけ「現地化」できるか

さて、2章では、実際に海外で事業を立ち上げて、成功させるにはどうしたらよいかを、私のハローキティの体験を織り交ぜながら、お話ししていきます。

海外で事業を行うにあたって、取り組むべきもっとも重要な事項は、「現地化すること」だと私は考えています。

「現地化」、あるいは「ローカリゼーション」といってもいいのですが、それは、日本のやり方や日本のチームを海外にそのままもっていき、すべて踏襲《とうしゅう》するのではなく、現地に合わせて、現地での最適なビジネスモデルや組織をつくり上げていくことです。

その際、商品・サービスには「消費者感覚」の壁が、組織には「海外人員の採用」や「組織管理」の壁が、オペレーションには「海外特有のオペレーション」の壁などがあります。

「ハローキティの海外市場って本当はもっと大きいのではないか?」

そんな考えをもったきっかけは、三菱商事時代にサンリオのビジネスに関わり、ハローキティが海外ですごく知られている存在であるのに、そのマーケットが比較的小さかったことです。

二〇〇〇年くらいに、米国のポップ歌手、ブリトニー・スピアーズがプロモーションビデオでハローキティのネックレスをしていたことで、海外セレブの間でもすごく話題になりました。

一方で、世界市場を見まわすと、ハローキティの商品をそこまで多く目にすることがありませんでした。実際に米国の学生時代の二年間、生活してみて、「ハローキティを知っている」という海外の方にたびたび会うものの、現地ボストンでは売っている場所や商品がほとんどなく、日本に一時帰国した際にお土産として米国にもっていくと喜ばれることが多かったのです。

そうした経験を通じて、ますますその人気と市場規模のギャップが大きいという実感をもち、何か戦略を変えれば、一気に市場が大きくなるのではないかという思いが強くなりました。

よくよく考えてみると、その大きいギャップが起きているひとつ目の壁が**「商品・サービス」**の壁でした。

ブリトニーの着用していたハローキティネックレスは、米国のライセンス商品のひとつで、有名モデルとコラボレーションした話題のデザインでした。

一方で、われわれが注力していたのは、日本の商品を踏襲した文具・雑貨を中心にした、サンリオブランドの流通での展開でした。

実際には、米国市場で話題に上がる商品は、米国でのライセンス商品であることが多く、やはり、現地のデザイナーによる米国展開の商品（日本からの特有なテイストは残すもの の）の力には、それなりの意義があると考えるようになりました。

そうして現地に根差した商品開発の仕組みを、米国法人やライセンシーと組むことで実現し、商品の支持率を上げていこうと考えたのです。

また、そうした商品を消費者はどこで買うのか？

ボストンでも小さな雑貨屋さんに少しだけ商品が売っている棚を見つけることがありましたが、他の競合商品を売っている量販店やセレクトショップ、玩具流通、アパレル流通というような流通網では見かけることがありませんでした。

私は、よく友だちから「子どもが誕生日会をやるのだけど、ハローキティのプレゼントを買いたい」、「バースデーパーティーをハローキティ色に染めたい、風船やらお皿やらカップやら、どこで買えばいいのか」と聞かれました。

しかし、せっかくハローキティ商品を買いたい消費者がいても、なかなか見つからないため、ディズニーやバービーといったような代替商品で済ましてしまっていました。

なにしろ、**現地の消費者感覚がわかるのは、日本人ではなく、現地の人です。**

また、当然ながら、それを購入する消費者も現地の方々なのです。

結果として、**消費トレンドや消費者感覚を現地化させ、ライセンスモデルを中心に、米**

国に合うライセンシーによる商品と流通網を整備したことが、ハローキティの米国での展開に一番大きく貢献したと考えています。

この現地化は、**米国で手ごたえを感じたことで、その後、すぐに欧州でもライセンスモデルへの切り替えと現地化を進めていき、マーケットでのブランドの浸透と市場の拡大につなげていきました。**

また、続いてアジア（中国と台湾）には、米国での成功事例を見ていた米国法人のアジア人（ハーバードの後輩で卒業後、入社してもらった）を派遣し、同じ戦略を実践してもらい、アジアでのマーケットの拡充に道のりをつけることになりました。

結果として、「米国進出」からはじまったハローキティは、このように「グローバル展開」となっていったのです。

考えてみると、現地化というのは自然の流れです。

逆に、海外の企業が日本に参入するケースを考えると、多くの外国人が「日本は特殊だから」と現地化を進めます。海外企業も日本参入の際に、「日本特有のもの」があることを認め、欧米人がそのまま日本でオペレーションするのではなく、日本人による日本での現地化を行うケースが大半です。

しかし、なぜか、自分たち日本人が海外に進出するときには、その発想をなかなかもてないというのが現実です。

〈ビジネスモデルの壁〉

日本で機能しないビジネスモデルは、海外でも機能しない

海外進出というと、無限の宝が眠っているイメージがあるかもしれません。海外で活路を見出したい、違うマーケットでやってみたい、という意識もわかります。しかし、実際にはそんなに簡単ではありません。

単に日本のマーケットで状況が厳しいという理由で米国に進出する、という安易な選択が、むしろ企業にとって重たい投資になってしまうケースを多く目にします。スケールメリット（規模による利益）を追求するためには海外でも売らないといけない、とばかりに海外進出しようとしても、うまくいかないことが少なくないからです。

むしろ、日本のマーケットで厳しいということは、そもそものコスト構造やビジネスモデルそのものに問題がある可能性があります。海外に行ったからといって、それがよくな

らないケースのほうが多いと思うのです。

もし、まだ日本で成果があまり出ていないのであれば、そのビジネスモデルが機能できるような形にすることにこそ、まずは時間をかけたほうがいいのかもしれません。

そして、結果が出てから、海外に行く、つまり、前提としては、**日本でスモールスケールでうまくいっているものを、グローバルスケールに拡大させて世界にもっていく**、という発想をすることです。

海外で参入してから成功するまでには、それなりに時間も投資もかかる場合があります。特に海外に拠点を置く場合には、海外事業の投資や継続コストが重たくなり、日本本体の事業の足を引っ張りかねない状況にもなり得ます。

だからこそ、とりあえず海外、という発想こそがもっとも危険です。

一方で、日本でうまくいっているからといって、そのビジネスモデルが必ずしもグローバルスケールでそのまま通用するものでもありません。本気でグローバル展開を狙うのであれば、そのつもりでの準備や計画が必要です。

グローバル企業をめざすなら、より厳しいグローバルな競争環境のもと、日本の一〇倍くらいのスケール感をめざさないと立ち行かなくなることもあります。

そうではなく、海外におけるニッチの市場の獲得をめざすという戦略もあります。

しかしながら、**本当のグローバル企業をめざすのであれば、売上の半分ないし、利益の半分を海外で稼ぐイメージをもつ**ことだと思います。人口やマーケットサイズを考えてみると、海外のほうが圧倒的に大きいわけですから。つまり、海外売上、海外利益のほうが圧倒的に大きくなるはずです。

このとき大切なのは、日本を中心に考えないことです。あくまで世界を視野にグローバルビジネスがイメージできるか。本当のグローバルな目標感がもてるか。

あるいは、一度日本のことを忘れて、思い切って、海外市場だけで勝負するというやり方もあるでしょう。

特に市場規模が大きい米国や、成長が著しい中国、インドといった市場は、独自な戦略がつくれるダイナミクスのあるマーケットです。

「海外進出」と「グローバル展開」は違うので、しっかりと自分の立ち位置をもっておくことが大切だと思います。

詳しくは次から述べていきます。

〈海外戦略の壁〉

すべての企業が、グローバルになる必要があるのか？

今の世の中は、一気にインターナショナル市場にアクセスすることができます。テクノロジーの進化により、インターネットやスマートフォンが普及した今、即座に海外にいる消費者に届けることができるのです。特に〝ユニバーサル・アピール〟のあるゲームのようなデジタル商品・サービスは、Ｇｏｏｇｌｅプレイやありぬ Ａｐｐ《アップ》ストアといったプラットフォームに出店すれば、いっぺんに何十カ国に展開し、消費者の支持を得ることができます。

しかし、デジタルで展開できることはまだまだ限定的で、世の中は、まだまだ物理的な「モノやサービス」を「人」で届けていく海外展開が主流です。

そうした「リソース」が必要な海外戦略を考える際に、**「米国進出」をするのか、「中国進出」をするのか、あるいは、「グローバル展開」をするのか、よく見極めて戦略を立案する**ことが必要です。

私のイメージでは、グローバル企業とは世界中でビジネスを行っている会社です。

たとえば、日本で知られているものでしたら、Amazon、Google、Apple、H&M、ディズニーなどが挙げられます。また、米国では「グローバル」のことを、「インターナショナル」と表現することも多くあります。

たとえば、米国に行って何かをする。

これは、二国間の「地域戦略」です。

グローバル展開であれば、世界中の一〇〇カ国以上、少なくとも数十カ国に展開する、地域や方向をまたいでビジネスをする、というスコープをもつのが、グローバル目線だと私は考えています。

私もサンリオに入社した際は、米国法人のCOO（最高執行責任者）としてはじめたわけですから、その際は、「グローバル」という物差しは必ずしももっておらず、むしろ、「米国でどうやって事業を成功させていくのか」という「地域戦略」に根差し、そこに集中していました。

「地域戦略」と「グローバル戦略」は実際には大きく違うので、海外進出の際には、まず地域を絞るのか、あくまでグローバルを掲げるのかよくよく考えるとよいと思います。

しかしながら、もとより米国ではグローバル企業かどうかがそれほど特別視されません。なぜなら、そもそもグローバル企業をつくりやすい素地があるからだと思います。

ＩＴビジネスしかり、製造業しかり、エンターテインメントしかり。米国のブランドやエンターテインメント商材は日本にすぐに入ってきたりしますが、それができるのは、最初から世界を見据えて戦略を組んでいるためです。米国ならではの、莫大な資本とグローバル思考の組み合わせによるものだとも考えられます。

そうしたことから、最初に米国進出を考えた場合、そこから自然とグローバル戦略に移行しやすいという特性をもっているといえます。

私もサンリオでの事業構築を米国からはじめていなければ、グローバル思考に欠けることになっていたかもしれません。

すべての企業が、最初からグローバル企業をめざす必要があるとも思いません。

もし、本当に一〇〇カ国以上でのビジネスをめざすなら、かなりの難易度を覚悟しないといけませんが、**二国間からはじまる地域戦略、という選択肢を考えると、**はじめやすいのではないでしょうか。

自分たちのモデルが成功しやすい地域を選んで、そこから攻めていくほうが現実的に組み立てやすいはずです。

成熟市場で勝負するか、成長市場を開拓するか

日本発の海外展開というと、真っ先に思い浮かぶのが、アジア、という人も少なくないかもしれません。それもひとつのやり方です。

特に中国が巨大な市場になってきました。

アジアには日本語に堪能な人も多いですし、日本との距離も近いです。

とはいえ、アジアで展開を拡大させていくのも、簡単なことではありません。

なぜなら、アジアといっても言語や文化がそれぞれ違うので、同じビジネスモデルでも、アジアでは言語の違う消費者、顧客を獲得しなければならず、それぞれの国に合わせてつくりこんでいく作業が必要になってくるからです。

しかも、アジアで成功したとしても、それを英語圏にもっていくときに、また英語圏での成功モデルをつくらないといけません。

ただし、中国、東南アジア、南米、アフリカ、インド、ロシアといった成長市場は、まだまだ流通やインフラが整ってはいないけれども、市場の成長とともにマーケットを獲得していけるので、参入後、一定のシェアを獲得できれば、そこからの市場の成長に合わせてマーケットを獲得していくことができるのが魅力です。

シンガポールのように、成熟市場なのか成長市場なのかわからない市場も面白いです。

あるいは、最初から米国をめざせば、そこからカナダ、イギリスなど、英語圏に拡大しやすく、欧州にも行きやすくなります。

また、米国、カナダ、欧州ではイギリス、フランス、ドイツ、イタリア、スペインのような成熟市場のほうが、流通やインフラが整っているため、商売も比較的はじめやすいものです。そのうえ、マーケットが大きいため、市場シェアも取りやすいと思います。

しかしながら、実際には、その分競争が激しく、大手とのシェアの取り合いになってしまうと、一パーセントのマーケットシェアを伸ばすのも非常に過酷な競争になります。

しかも、米国進出のために、最初から英語圏の人たちのチームをマネージメントしようとすると、一気に壁が高くなるかもしれません。

そこに勇気をもってチャレンジできるか……グローバル戦略としては、それが問われると思っています。

グローバル戦略を考える場合、自分たちが成長市場か、成熟市場か、どちらにリソースを張りたいのか、しっかりと吟味して参入を検討するといいでしょう。

〈目標感の壁〉

めざす目標が、一ケタ、二ケタ、違う

事業を推進していく、あるいは立ち上げる際には目標を立てていくことになりますが、世界で活躍する人や企業は、「目標感」の高さや「スケール感」に大きな違いがあるのを感じます。

たとえば、シリコンバレー等のスタートアップでは、最初から一〇〇〇億円規模の企業をめざす人がほとんどです。

ハーバード時代の同級生たちと、どれくらいの企業を将来つくっていきたいか、といった話をよくしますが、みんな、時価総額で一〇億円、五〇億円規模の会社ではなく、一〇〇〇億円企業をめざすという志《こころざし》をもっています。最初から一ケタ、二ケタ大きなスケー

ルで考えている人のほうが圧倒的に多いのです。

私もスタートアップではありませんが、サンリオに入ってから、常に大きな目標感をもつようにしていました。

サンリオは二〇一四年度に二〇〇億円の営業利益を達成しましたが、私は二〇〇八年に入社した頃から、ずっとこうした数字をイメージしていました。

入社当時の営業利益は六六億円――そこから営業利益を三倍以上にすることを考えていましたが、当時はなかなか理解を得られませんでした。

さらには、**当初から時価総額でいうと、一〇〇〇億円、三〇〇〇億円、五〇〇〇億円、一兆円、営業利益でいうと、一〇〇億円、二〇〇億円、三〇〇億円、五〇〇億円にどう挑むのかと考えていました。**

それは、米国からめざすグローバルの企業感や米国のスケールで、ものごとを発想していたからだと思います。

特に株価や時価総額をグローバルという物差しで考えた場合には、自分がどうしたいのかを考えるのではなく、世界競合の状況や、海外投資家が求める期待値を念頭に入れることも必要です。

一般的に、海外投資家は高いリターンを求めます。投資をしてもらうからには、その期待に応えなければいけません。

投資家の投資のスケール感も違います。一般的な海外投資家の投資基準の目線に合ってくるのは、ミッドキャップといわれる時価総額で三〇〇〇億円以上の規模の企業です。ですから、この数字に満たない場合は、海外の投資家向けにＩＲ活動をしても、あまり効果が出ないのが現状です。

海外投資家の投資規模はファンドサイズや投資規模が大きく、億円単位での投資が多いため、時価総額がある程度大きくないと、流動性がないため、株式の購入をためらうのです。

米国では、実際、創業からわずか数カ月のベンチャーが、一〇億円、五〇億円という単位で買収されるケースが多数あります。また、〝ユニコーン〟といわれる一〇〇〇億円を超える企業が多く存在します。

グローバルを視野に入れるなら、それこそ日本でのイメージに、〇《ゼロ》をひとつか二つ付ける、くらいがちょうどいいかもしれません。

これくらいをめざさないと、大きなスケールのビジネスにはなっていかないのでしょう。最初の目標感の差は、結果の差をも、もたらしてしまうことになるのだと思います。

この時価総額の規模は、単なる結果にすぎませんが、私がぜひ知ってほしいと思うのは、こういう現実がわずか飛行機で一〇数時間で行けるような場所で起こっているということです。

そして、実際にそうした会社の背景にあるのは、本当に社会を変えていこうという熱い思いです。

世の中を嘆くのではなく自分自身で未来を切り拓《ひら》いていこうというポジティブな発想をもった、たくさんの本当に優秀な仲間たちで会社はつくられていて、グローバルをめざすことで、そうした人々に簡単に出会うこともできます。

それだけでも、とてつもなく大きな価値だと私は思っています。

日本でもシリコンバレーが注目されていることもあり、「隣の芝生」が、それほど遠くない未来に、自分たちにより近いものになっていくかもしれません。

カリフォルニアだけでなく、ロシア、ロンドンと比べてどうか。

中国では、どんな暮らしを同レベルのビジネスパーソンたちがしているのか。

そういった横の情報があっという間に入ってくるようになってきてしまっています。

これまで日本では、日本だけを見て、その中だけでの競争や、その価値観の中で自分を探してきたと思いますが、これからはいやでも米国やロシアや中国のリアルな姿が入ってきてしまいます。

もう**日本人だけの価値観で、自分を「これでいいや」と考えることは難しい時代になっていく**でしょう。

〈人事、採用の壁〉
日本に興味のある人を採用する

米国への進出をめざすにせよ、グローバル展開を狙うにせよ、成功するために大事なことは、ビジネスをするチームをどうつくり上げていくか、つまり人材の確保です。

日本企業の多くは、まず最初は、日本から海外ビジネスを行うことを考えるべきですが、今の時代は、海外に必ずしも自分で拠点をつくる必要はありません。商社、代理店等、海外で自分たちの代わりに仕事をしてくれる優良なパートナーを見つけることも可能です。

その次の段階で、日本から経営陣やチームを派遣してビジネスをつくっていくこともあります。パートナーとの合弁会社の設立、自社機能の海外での拡充などをやっていきます。

海外進出の初期段階では、現地と日本とのやりとりが中心になります。

事業が一定規模に拡大してくると、現地での課題やタスクが増えていきます。
この段階から、現地でのオペレーションには現地の人がより重要になってくることになり、採用が課題になってきます。

採用については、日本における「外資系企業」の採用や、そこに勤める人材を想像すると、わかりやすいと思います。

その場合、外資系に勤める方の多くは、海外が好きな人、そのブランドが好きな人、海外で育った人、その国特有の英語等言語が話せる人、その国の文化が好きな人等、特別な理由があることが多いです。もちろんそうでない方々も多いですが、そうした要素はマイナスに働くわけでもなく、むしろ会社にとってプラス効果のほうが大きいと思います。

海外における日本企業の採用も同じです。やはり、**こちらのブランドが好きな人、日本が好きな人は、その企業文化や、日本文化を理解しようと努力をします。**

職を変えることが多く、従業員の流動性の高い海外においては、日本になにかしらの愛着を感じてくれている人たちのほうが、結果として比較的長く会社にいてくれる可能性が高いでしょう。

採用後も、仮に日本語を知らないとしても、日本の文化を伝えて、親しみをもってもらうこともひとつのコツです。相手に日本の文化を理解してもらい、日本を好きになってもらう努力をします。機会があれば日本に行けるのを楽しみにして入社する従業員も多いです。

そういう点では、サンリオは、ハローキティが好きな人たち、日本のカルチャーが好きな人たちをわりと集めやすい業種でもあり、助かっています。

こうした日本に関連した要素がある企業は、日本ファンが海外にもいるため、採用で利点が活かせることになります。

その道のプロを雇う

一方で、日本を好きな人、そのブランドが好きな人たちだけで組織を構成すると、本来必要な組織としての機能が足りなくなってしまいがちです。

これは、海外における日本企業がはまる典型的なトラップのひとつで、よく見受けられます。

海外では、機能別（職能別）組織になっている会社も多く、役割や会社に必要な機能にフォーカスした採用をすることも一般的です。

たとえば、私は米国において、ハローキティのチャネル（流通）戦略を考えていたとき、「ウォルマート」や「ターゲット」といった量販店の流通網に通じた人材を獲得し、戦略をつくっていきました。

他社でそういった流通網への営業をしていた方でもいいし、流通側で商品を扱っていたバイヤーでもいい。そうした人材をヘッドハンティングしてチームに入れていきます。

特に、**相手側の流通側にいたバイヤーは、どうすればその流通に商品が置かれるかを熟知**していています。誰にどうやって売り込めばいいのかも知っています。

人材の発掘をするには、取引先からの引き抜き、知り合いからの紹介、ヘッドハンティングのエージェントの活用等ルートを複数もっておくことが重要です。日本人の限られたネットワークだけでは、なかなか見つからない人材であることが多いのが現実です。現地の競合も利用するような競争力のあるヘッドハンティングの活用が必要になります。

「この人がいい」というような人材にはすぐには出会えませんので、常に採用することを念頭に置いて人と会うことが後々役に立ちます。

私は、これを「リクルーティングのためのリクルーティング」と呼び、定期的にいくつかのポジショニングの採用を、枠にこだわらずに行うようにしています。

また、ヘッドハンティングを活用するにあたって、特定の分野の人にインタビューをくり返すのも、ひとつの方法です。その業界のナレッジ（知識やノウハウ）が入ってくるからです。ポテンシャルのあるクライアントの人に会ってインタビューすれば、それもナレッジになります。

そして、どこかの時点で感覚がつかめたら、本格的な採用活動をはじめます。海外エージェントにお願いしてもいいですし、ヘッドハンターを使ってもいいでしょう。アウトソースを活用するのです。

さらに、機能（職能）に応じた採用においては、どの機能を内部化するのか、どこを外部化するのか、その優先順位、順番をどうするのかを考えておくとよいです。コストも高くつくので、組織の構成を視野に入れてきちんと採用計画をしておくことです。

機能に応じた海外人材は、日本のように横の部署に移るというようなことは難しく、その範囲にはフレキシビリティがないため、まちがえた場合には、本人に他の仕事を拒絶されることもあります。

こうした機能型の人材には、現地の有能なタイプが多い一方で、日本企業や日本文化への適合力は期待できないこともあるのです。

しかしながら、こうした現地ならではの採用は、会社にとってひとつの大きな戦略転換になりえます。

海外事業において、**現地の優秀な人材が集まりはじめたら、事業構築におけるチームのつくり方も現地にゆだねていくことが重要**だと思っています。

現地化のためには、信頼できるマネージャーをまず見つけることですが、そういう人に出会えたならば、彼ら彼女らにチームづくりもゆだね、人事権や裁量権もある程度与えることを考えていくのです。それが、現地で現地のスタッフが自由に活躍できる環境を整えていくための必須条件になってきます。

現地に何か押し付けるようなやり方ではなく、お互いを尊重し、いっしょにやっている感覚をもつことが重要です。

〈報酬、ポジションの壁〉

自分よりいい報酬を部下に出せるかどうか

また、採用の際に大きな壁になるのが、「報酬水準」と「報酬体系」です。

発展途上国で報酬水準が低くなる場合やアジア圏では問題にならないことが多いようですが、海外進出先が日本よりも報酬水準が高いことがあるのが実情です。

報酬水準は、その国での電話料金、住宅費、食べ物の値段と同様に前提として与えられている「given《ギブン》」なものであることが多いのですが、こと**報酬となるとどうしても心理的バリアも高く、進出先での高い報酬水準を受け入れることがなかなかできない日本企業が見受けられます。**

たとえば米国では、それなりに優秀な人材を部長、課長レベルで採用しようとした場合、業界にもよりますが、年俸の前提が二〇〇〇～三〇〇〇万円を超えることは珍しくありません。結果として、海外子会社の日本側の責任者よりも、高い報酬を支払わないといけない可能性が高いのです。

海外に進出したばかりの日本企業は、どうしても本社の給料水準を意識してしまいます。あるいは、担当者自身の自分の給料と比較してしまったりします。

自分より高い給料を海外子会社で部下にあたる人間に出せるのか、あるいは、自分より高いポジションに置いてまでして採用したいのか、という課題を海外進出の早い段階から突きつけられることになります。

しかし、そこでつまずいていては、優秀な人材は確保できないと考えたほうがいいでしょう。**採用競争自体がシビアで、優秀な人材の採用と確保における報酬相場は、上昇傾向にあることも念頭に置く**ことが必要です。

なにしろ、それなりの会社のマネージメントレベルなら、事業が大きくなればなるほど、億単位の年俸もあるのが、グローバルでの人材コストです。グローバル企業で、億の単位を出してマネージャーを採用するのは、驚くことではまったくなくなっています。
二〇一五年、ソフトバンクにおけるニケシュ・アローラ氏に対する一五〇億円を超える報酬のニュースが世間を騒がせました。
ところが多くの日本企業では、億の報酬を出して人を雇おうなどという気持ちになかなかなれないのが現状でしょう。

もしかしたら、ここが日本企業のひとつの岐路になってしまうかもしれません。

グローバル競争の中で、優秀な人材をリソースとするなら、そこに対して対価を考えるのか、それとも投資を惜しんで日本人を中心にやっていこうとするのか。

後者をやろうとしているのは、世界の中でも日本企業だけの特徴であり、人材活用のボトルネックになっていると感じます。
他の国のグローバル企業のほうが、現地化を進めていくうえで、報酬体系を現地に合わせていくのによりためらいがないように見受けられます。そのほうがやはり事業がうまくいく確率が高いから、そのサイクルに一度乗ると障壁も取れていくのだと思います。

このままでは、日本は中長期的に、どんどん置いていかれる可能性があると私は危機感をもっています。

採用の交渉はストレートでいい。遠回しな表現は使わない

とはいえ、最近、少しずつですが、日本企業の中にも海外での人材採用に対する理解が深まってきていると感じます。やはり、長い間の海外事業の経験の積み重ねが活かされてきているのでしょう。

海外人材の採用の場合は、日本と違って新卒採用は珍しく、ほとんどのケースが中途採用になります。採用では、レジメ（履歴書）や面接での確認が中心になります。

海外のレジメは、単に会社名と役職、出身大学名が記載されているものではありません。日本と違い、転職が前提のレジメは、それまでやってきた仕事の内容が職歴として詳しく書かれたものになっています。日本のそれとは見た目もページ数も異なります。場合によっては、事業規模の説明から、それをどれくらいのチームでどのようにやってきたかとい

うような職歴を、二〇ページにわたり書いている人もいます。

日本のように新卒で**終身雇用を前提にした採用は、時間をかけた長いプロセスになりますが、米国における終身雇用と中途採用では、採用する側も採用される側も気持ちがかなり違う**と感じます。

たとえば、カリフォルニア州の採用では、年齢を聞くことも、性別を聞くこともできないことが採用時のルールになっています。そういうことは、面接の際にはじめて容姿等でわかることになります。

一方で、欧州のように、一度雇用をした際には、雇用の保障や責任が義務として発生する国では、中途採用といえども、より慎重な雇用を行うことになります。

私が近くに住んでいるからかもしれませんが、特にシリコンバレーでは海外での人材採用についていろいろと耳にします。

この地域ではそれなりの能力のあるエンジニアを採用すると、数年前までは、相場は年収が二〇〇〇万円ほどでした。しかし、円安ということもあり、今や、三〇〇〇万円、四〇〇〇万円クラスのエンジニアが増えてきていると聞きます。また、マネージメントクラスでは、五〇〇〇万円クラスはざらで、一億円クラスも珍しくありません。

しかし、**見ていると日本企業は現実を受け入れるのが、一テンポ、二テンポ遅いのです。出し渋っていると、人材獲得コストの相場についていけずに人材が他社に移動してしまう、あるいは、獲得できなくなってしまいます。**

日本の基準で判断すると、どうしてもついていけないのです。

特に競争環境が激しくなっていくときに日本企業は弱いと感じます。先に思い切った額を出すからこそ、いい人材が集まってきてくれたりもします。後から渋々、仕方がないか、と追いつくような状況では、優秀な人材はもう採用プールからいなくなってしまいます。

また、相場よりも低い採用候補者にはそれなりの理由があったりするものです。

他社で成果を出せずに解雇された、いまいちの人材を知らずに採用して、後で困った事態を引き起こしたりします。結果的に、日本企業が能力に見合っていない報酬を従業員に払ってしまっているケースまであります。

それから、海外では、報酬体系は、必ずしも現金ですべて支払うものではなく、ストックオプション（あらかじめ決められた価格で自社の株を買う権利）と組み合わせたもののほうが一般的だったりします。

特に大きな報酬のパッケージを用意する場合は、ストックオプションの割合が多く、ストックオプションを用意していない日本企業では、なかなか競争できないのも実情です。

海外では、自分の会社の成長はすなわち、自分の資産の拡大を意味します。

ストックオプションをもっていると、会社の業績が上がり、株価が上がれば、自分の資産も大きくなります。会社の成長と自分が直結しているのです。自分ががんばるためのわかりやすいインセンティブ（動機づけ）でもあります。

日本企業では、**まだストックオプションを導入している企業は少なく、会社への愛情や上司との信頼といった、心のきずなでがんばらないといけないことも多く、そうした考え方がなかなか海外では理解を得られません。**

ただし、実際には、では金銭的なインセンティブを用意すればいいのか、といえば、必ずしもそれだけではうまくいかない現実もあります。

いずれにしても、海外でそうした仕組みに慣れている従業員のインセンティブをどうつくっていくのか、ということについては、日本のマネージャーは頭を悩ませる必要があります。

さらに、**日本企業は、採用する際に採用のスピードを上げていくことも必要になります。**そのためには、採用面接に際して、レジメを事前にしっかり読み込み、面接で確認することを定めておくこと、そしてこちらからの条件提示をある程度決めておくと、進めやすいでしょう。

ある有名海外ベンチャーのパートナーとして勤務していた友人が、転職を考えていた際に、日本のベンチャーでちょうど米国進出をし出した会社からたまたま誘いを受けたのだそうです。

聞いてみると、三度、ディナーに誘われたそうです。何かいいたそうなのはわかったそうですが、なかなかいい出さない。一度目は、仲よくなりましょう、という感じで話が終わってしまった。二度目は、どんなことに興味があるのか、という問いかけ。そして三度目になって、当社に来ないか、というお誘いになったそうですが、三度目の際も明確な条件提示はなかったとのことでした。

結局、彼は興味がなかったわけではないのですが、その会社とは縁ができませんでした。

また、

「**米国人なら、これは一〇分で済む話。どうして三度もディナーをしないといけないのか。当社に来ないか、条件はこう、と提示すれば、その場で判断ができたかもしれない。**ところが、条件の提示もなかった。聞いてみても、その場では出てこなかった。日本的なやり方はとても親切である一方、カルチャーが違いすぎて、なかなかわからないね」

ともいっていました。

そうしている間に、興味がなくなってしまったそうです。日本的なやり方で気持ちを込めているのかもしれませんが、相手には伝わりませんでした。

彼は、結局、どの会社にも就職せず、今は自分の会社を立ち上げて資金調達にも成功しているることから、優秀な戦力になっただろうに、もったいないな、と思ってしまいました。

高い野心を抱く人たちを採用し、共に仕事をするには

日本企業にとって、現地採用の難しい側面が消えることはありませんが、だからといって、いい人材が採用できないわけではありません。

特に**私は海外では、高い野心を抱く人たちを、なるべく採用するという意識をもっています。**

そうした野心をもつ**優秀な人材ほど、報酬のみならずポジション（肩書き）についても、こだわりをもっている**と考えたほうがいいでしょう。やはり少しでも上のマネージャー層に上がっていきたいと考えています。権限も拡大してほしいし、自分のビジネス人生を成功させるために、キャリアをアップさせていきたい、と考えています。

肩書きというのは、日本人もそうですが、米国人は特にこだわるケースが少なくありません。しっかりポジションを用意して、それを上げていけるような環境を同時につくってあげることが大事になります。

海外のグローバル企業では、ポジションは年齢に関係なく、優秀であればどんどん上がっていくものです。結果さえ出せば、海外子会社での採用であっても、本国の本社の役員

に抜擢されることもあります。多くの会社で、ポジションは青天井なのです。

一方で、日本企業では、本社の取締役といった高い「ポジション」が、海外の人材に開かれていることは珍しく、日本企業の組織内に高い壁が存在することが多いです。

また、前述したようにポジションのみならず、報酬レベルでもなかなか対抗できません。

実際、私のいる海外エンターテインメント業界では、経験を積み、結果を出せば、大きなチャンスを手にできます。米国の上場しているエンターテインメント企業の報酬は公開もされていますが、五億円、一〇億円、二〇億円といった単位で年収を受け取っています。

しかしながら、現実的に日本企業で、そうした金額を拠出することは、一部の企業を除いて難しいのが現実です。

そうしたことから、次善の策として次のような考え方も必要です。

それは、**採用候補者の方に、将来、他のグローバル企業の高いポジションを獲得するためのステップだとしても、サンリオを働く場所として検討してもらう**という考え方です。

私は、米国の大手などですごい額の報酬が将来的に得られるほどのポテンシャルのある人を積極的に採用したいのです。

そんな人がサンリオで結果を出すことができれば、別な会社の重要なポジションを取れることは充分考えられます。ですから次のステップにつながるような課題を与えて、短期間であったとしてもいっしょにがんばってもらうことも必要です。そうした人たちに対しては、親身になってキャリアステップをいっしょに考えてあげたりします。

もちろん、ずっとサンリオにいて、結果を出し続けてもらうのが、理想です。その可能性もゼロではないでしょう。

しかし、ずっといたいといいながら結果を残せない人よりも、いずれ辞める、そのためにも結果を貪欲に取りに行く、という人のほうが、まちがいなく会社に貢献してくれると思うのです。

ただ、本人が望んだポジションまで昇進できなかったり、希望した収入が手に入らなかったなら、すぐに辞められてしまうこともあります。それは、少し残念ですが仕方のないことです。

でも、**それだけの優秀な人材に、三年でも五年でも、サンリオで活躍してもらえるメリットは、とても大きい**と思っています。また、彼らの下にいるチームも育ってくれるでしょう。さらに、そうやって巣立っていった社員は将来、たいていサンリオを好きでいてくれて、外部からではありますが、ずっと何かしらの支援をしてくれるものです。

また、「ポジション」はコストがかからず、与えられるもののひとつではあります。優秀な社員を抱えるために、ポジションをクリエイティブにつくる新興企業も増えてきています。

CEOやCOOやMD（マネージング・ディレクター）だけでなく、グループMD、グローバルMD、地域統括MDといった、現地に合わせたポジションを増やして、レジメが傷つかない役職を用意してあげる方法もあります。

最近は、海外子会社で結果を出した外国人が日本のトップを務めるようなケースも出てきていますが、まだまだ少ないのが現実です。

これもまた、外国人の従業員のモチベーションのうえでも、また優秀な人材を採用するという点でも大きなネックになっています。

それから、一般的に日本人は、海外にいる現地スタッフや外国人従業員とじっくりマネージメントの話ができていないと感じます。

しかし、やはりコミュニケーションは極めて重要です。大きな視点で現地で話ができるか。こちらが話すだけでなく聞いてあげることも必要です。

そうしたことがこれからはますます問われてくると思っています。

とりわけ米国では、いいマネージメントチームをつくるには、ビジョン、つまり会社としてどうしていきたいか、ということを、チームのみならずリーダーのポジショニングや人生まで含めて考えてマネージしてあげることが極めて重要だと思っています。

それは、チームビルディングやリーダーシップにも求められてくることです。

ときには、海外にいる現地スタッフと、会社のビジョンやキャリアについて、じっくり話をする時間を設けるのもいいでしょう。

四時間、五時間となることもあります。**信頼関係をつくり、従業員を「インスパイア」し、いっしょに事業をつくっていく環境にしていく**のです。

また、ミドルマネージメント（中間管理層）についてですが、多くの日系の海外法人、特に長い間、海外人材がマネージャーとして登用されてこなかった海外子会社に対して、日本の親会社が「海外子会社でのキャリアがこれから開かれますよ」と訴えても、現実、すぐにはそうならないことも多く、相手に信じてもらえるようになるには時間がかかります。

実際、私も当初、サンリオの米国法人のCOOとして海外人員の登用をはじめましたが、二〇一二年に、米国法人のCOO職を現地の後継者に渡しました。**現地の人間を取締役に抜擢したことで、そうした大胆な登用もありうるのだという認識が、子会社内でようやく広まりました。**

欧州事業でも同年、COO職を現地の後継者に譲り、ようやく欧州のスタッフもそうした認識がもてるようになってきたのです。

私がオペレーションの役割から退いてからは、うまくいった面、いかなかった面（特に業績が下降してしまったケース）もありましたが、長期的に現地で事業を推進していくうえでは、マネージャーが現地子会社で上がっていける、キャリア形成ができるという土壌を育成し、そのような感覚を共有してもらうことはとても重要だと考えています。

一方で、ＣＯＯ職等、海外で役職を上げた場合には、前提として大きな昇給を伴うものです。現地人がＣＯＯに任命されたものの、報酬がたいして上がらなかったということが不満で辞めたケースをよく見てきました。

役職と昇給は同時に考えておくものであるということを認識する必要があります。

〈グローバルマネージメントの壁〉

"グローバルマネージメント"機能は、日本からではなく、いっそ海外拠点に置くくらいの発想がちょうどいい

日本の企業にとってグローバル組織を考える際のまちがいは、グローバル組織を日本組織の延長線上に考えてしまうところです。

特に、日本企業に従事していた人がグローバル組織を考えようとすると、日本に従来からある組織論、役割、考え方から、どうしても脱却できません。

それどころか、せっかくできつつあるグローバル戦略やグローバル組織を押さえつけ、壊し、むしろ、**本来とは真逆な「日本化計画」なんてことを、グローバル戦略として実行しようとしている**のを見ます。

多くの企業が、こうした致命的なまちがいを犯していると感じます。

海外事業が小さい規模のうちはかまわないかもしれません。しかしながら、海外事業の比率が大きくなるにつれ、海外展開が一段落すると、日本企業のアイデンティティと海外子会社のアイデンティティがぶつかってくるタイミングが出てきます。

そうしたときには、「国内と海外をつなぐ共通した価値観」、すなわち「グローバルアイデンティティ」を構築していくことが必要です。

日本の企業が海外子会社側の意向もくみ取ったうえで、グローバルな価値観をつくり、それをベースにグローバル戦略をつくり上げることを、海外子会社側は、期待しています。

現実的には、日本の本社から考える〝グローバルアイデンティティ〟や〝グローバルプラン〟は、海外の人からすると、日本から発した偏りのある拡張プランにすぎず、海外へのただの押し付けにしか感じられないことが多いのです。

私は、グローバルアイデンティティやグローバルプランを策定する際は、チームメンバーが海外人員中心のほうが、本来のグローバル思考が反映されたものができると考えています。

欧米の人々は、もともとグローバル思考に長《た》けた人種だと思いますし、グローバルに価値観をまとめていく経験をした人もゴロゴロいます。

日本の組織は自らを、全社の傘下におけるひとつの子会社程度に位置づけ、グローバルチームの一員として、グローバル戦略に関わるくらいが、ちょうどいいのです。

ソニーピクチャーズなどはその好例だと思います。

もともと、M&Aでできた組織ではありますが、海外での映画製作に日本からの関わりは最小限にされていて、米国ハリウッド出身者や、経営ができる人材を活かした現地型の組織運営で成功しています。

グローバル機能をもつ組織を、日本の本社に置くのではなく、いっそのこと、米国に置いてしまえばよいのです。現地の市場規模や人材に合わせやすいため、そのほうがずっとグローバルな発想に近づくでしょう。

また、組織体制を大きく再考できるのであれば、持ち株会社制度に移行して、海外子会社と日本の本社が本当に並列となり、取締役会も外国人が半数いるような組織になることもありえるでしょう。

細かいことに口をはさまない

日本の管理手法は、日本独特だということを理解しておく必要があります。

稟議《りんぎ》などで上長や関連部署のハンコを集めるという習慣は、海外にはあまりありません。日本での習慣に慣れていると、組織の下の人は、自分たちが上の人に「報・連・相」(いわゆる報告・連絡・相談)するものだと思っています。また、上の人たちも、それを聞くのが仕事のひとつだと思い込んでいます。

しかし、とりわけ欧米では、ゼネラルマネージャークラスは、戦略立案、ビジョン、新しい成長や、チームのマネージメント、売上や営業利益、どう効果的に目標に向かっていくか、といった上位概念《じょういがいねん》(ハイレベルな)のことを考え、会社全体をリードしていくのが期待される役割のメインになります。

そして、ゼネラルマネージャーは、そうした考えをもとに現場に「指示」を出していくことが主な役割になっていきます。いわゆる船頭の役割です。

もちろん、的確なマネージメントをするには、現場の情報も重要です。しかし、直接現場ですごす時間は少なくする傾向があります。まったく現場を見なかったり、現場に話を聞きに行ったりしないというわけではありません。あるいは、現場を軽視しているわけではないし、現場を見ても意味がない、などと思っているわけでもありません。

ただ、そこに時間をとられすぎると、本来ゼネラルマネージャーがやるべきことに能力と時間を割けなくなる、ということなのです。

一方、**日本での上長は、下からの「報・連・相」に慣れているため、何か下から上がってくるのを待っている傾向があります。**また、報告がないのに事が進むことに慣れていないため、そうした状況に不快感をもってしまうのです。上長にもかかわらず、なんとなく取り残されていると感じてしまうのです。

特に日本から駐在員等で派遣される場合には、役職やポジションが日本にいたときよりも一つ、二つ上になることが多いと思います。その際には、「報・連・相」すべき事項が、「マネージメントレベルの船頭に必要な情報」ではなく、「船をどう漕ぐべきかという現場の情報」を細かいレベルで聞きがちになってしまうため、組織管理により注意する必要があります。

また、日本では、現場に近いところで、現場を一番に把握することこそが必要だとする管理手法を取る会社も多いです。

けれども、それは小さくて変化の少ないマーケットでは通用するやり方なのかもしれません。

環境の変化や競争が激しい市場では、マネージャークラスが現場に入りすぎることは、大きな流れや変化を見逃し、対応できず、船が大きい海で行き先がわからなくなるのと同じように、ビジネスにとって命とりになりかねません。

ひとつ高い目線から現場で見えないものを見るところに役割があります。

たとえるなら、〝見えない氷山を見つける〟ことです。

氷山にぶつかれば、船は沈没します。

方向をまちがえれば、行くべきところに辿りつかなくなるのです。

「日本のマネージャーから、現場のスタッフが聞かれるような課題について、よく聞かれる」と米国にいる人にはいわれます。そのこと自体は必ずしも悪いことではないのですが、むしろ、日本のマネージメントでは「上位概念の話がなかなかできない」という課題を意味していることが多いです。

つまり、海外で必要な船頭になり切れていないのです。

また、ゼネラルマネージャークラスとは、「何かを決める」ことに役割と意義があるように日本では思われがちですが、欧米ではそれは船頭の役割の一部であって、すべてではありません。

何より、経営判断は、一番わかっている人が、合理的、かつ素早い判断ができるものと思っています。深すぎる組織階層は、そうした本来あるべき姿を破壊することになります。

ハイレベルなマネージメントを行うということは、つまり、マイクロマネージメント（管理者である上司が部下の業務に強い監督・干渉を行うこと）はせず、現場への権限《けんげん》委譲《いじょう》を進めるということになります。

しかし、海外法人で現地化を進め、現地のマネージメント・スタッフを起用し、運営を現地化したとしても、現地法人側は日本側や日本人に「マイクロマネージメントされている」と思うことが多いようです。

海外の現地法人や現地のスタッフがマイクロマネージメントされていると感じる一番の要因は、「権限委譲されないこと」と「報告システム」にあります。

日本では、高い頻度で定期的な報告を求めることが一般的です。日報、週報、月報といった報告書が、直属の上司だけでなく、上長の上長の上長まで上がっていくことも少なくありません。

加えて、海外法人の場合には、日本の本社へもいろんな書類を提出させられている会社も多く、報告書だらけになります。

しかし、海外では、報告のルーティーンはごく限られた回数行われるものになります。一番極端なのが、取締役会です。日本では、毎月開催され、株主総会と四半期毎の取締役会を入れると年一五、一六回程度開催されますが、欧米では四半期毎に一度だけ、年四、五回が一般的です。

このように回数が少ないのは、経営責任と執行責任とが明確に分かれている組織運営が一般的だからです。報告を受けることは経営の大きな方向性の確認作業であり、「わかった。それで半年やってみてくれ」と伝えるくらいシンプルなこともあります。また、判断の速さも回数の少なさの理由に挙げられます。

もちろん日々のセールスなど、職種によってはレポートが意味をもつこともありますが、全員に細かいレポーティングを強いることに意味があるとは思えません。

また、働く時間が日本と比較すると圧倒的に短いことを、ここでも忘れてはいけません。日本特有の報告書や長い会議などのタスクを新たに現地に強いると、その分、他のしてもらいたい仕事に費やす時間が削られることになります。本社から来た依頼ということで報告書などの優先順位を上げてしまって、その分、必要な営業活動等をしなくなることがあります。

私も一時期は、現地の人々が慣れていない、細かい報告の意義を共有し、実際にしてもらったことがあります。が、お互いに莫大な時間を取られてしまい、浪費するだけに終わることがあるのでやめました。

特に**長い会議や報告のルーティーンを増やすと、肝心な仕事で遅れが出ることを多々経験してきました。**

長い会議で一日が終わると、その日は、メールの返信を一切しないで帰る従業員がいるということも稀《まれ》なできごとではないのです。

海外マネージャーに信頼を置く

何より、海外のマネージメントを現地化するならば、その人を信頼してあげることでしょう。優秀な人材であればあるほど、権限委譲されることを求めますので、現地化を進め、任せる方式に切り替えるべきです。

報告を聞いた際に自分の中ですべてを理解しようと思わずに、現地の声をなるべく聞いてあげる努力が必要です。

なぜなら、私たちには本当の意味で現地のことがわからない部分もやはりあるからです。**日本の感覚や経験からは「これはおかしいかも」と思うことでも、一度やらせてあげることも必要**です。現地における感覚は報告を聞いただけですぐに理解できるものではないので、現地のビジネス感覚を信用してあげることからはじめるのです。

現場からのレポートの頻度が少なくても、必要な質問をして状況を把握することは、欧米では上長の責任です。そして部下は、的確な質問が上長から来るかどうかを、よく見ています。上長は、そうしたことをするかどうかで、部下から評価されることにもなります。

数字、リソース配分に加え、ビジョンや戦略、そうしたハイレベルな質問が来るのを、外国人の部下は待っています。

日本では、習慣やら身なりやら勤務態度にだけ目が向かい、そうした質問だけをする上司もいますが、そうした上司部下の会話は海外ではあまり聞いたことがありません。

また、現場に対して、とんちんかんな質問をする人や、ピントの外れたコメントやアドバイスをする人は、いつまで経っても上司として、あるいは仲間として尊敬されることはないでしょう。

いっしょにつくった自分たちの戦略を自主的に現地でやってもらい、人事権や裁量権を与えてあげます。自分たちの領域をつくってあげたほうが部下は活躍しやすいのです。

その代わり、しっかり結果を問います。

成功するためのフォローを惜しむ必要はありません。

そして、うまくいったら賞与で報います。

しかし、結果を出すことができなければ、責任を取ってもらうこともあります。

また、結果というのは数字的なものだけではありません。

最良のチームが、最良の戦略、最良の意思決定をしたとしても、ときに最良の数字が出ないのがビジネスです。ですので、数字だけでなく、しっかりとその内容を見たうえで結果を判断し、ときには最良の結果が出るまでの期間、支えてあげる必要があります。

しかし、海外進出するとなると、多くの日本企業が日本の駐在員をずらりと連れて行くところから、はじめてしまうようです。

こうなると日本のやり方をそのままもっていくことになり、海外の人たちにとっては本当にやりにくいというふうになりがちです。

実際に海外組織をマネージしていて印象的なのは、リーダーには「私がいないと」というタイプの組織をつくる人と、「私がいなくても」という対応ができる組織をつくる人がいるのですが、後者のほうが明らかに優秀で結果を出すケースが多いということです。

つまり、権限委譲した組織の下に、さらに権限委譲された組織をつくるのです。

そうした人は、ゼネラルマネージャーとしてマネージメント能力が高いのです。

また、そのリーダーも、私自身も、現場にもっと任せられるわけですから、圧倒的に違うことに時間が使えます。

そうやって会社をひとつ上のステージにもっていくことができるのです。

人間関係は日頃から大切に

危機が起きたときには、時すでに遅し、ということがあります。

海外の人員は、流動性が高いため、頻繁に入れ替わります。特に海外事業のトップは、従業員が「辞める」といったときにどう対処するかの初動が試されます。

海外で、特にトップレベルの人材は、日本人にとってはちょっとしたことに感じることでも、彼らは重要なことだととらえ、会社を辞めるケースがよくあります。

「引き留めたい」と思っても、そうした経営危機が起きてから人間関係を構築するのは難しいです。そうならないように、日頃から、トップレベルのマネージメント層と人間関係を構築しておくことが後々効いてきます。

海外マネージャーがよく辞める理由にするのは、先にあった「マイクロマネージメント」

がされてしまっていて、自分のやりたいことが実現できないと思ったというものです。

トップクラスの人材は、自分が自分らしくやりたい、自分なりのアイディアを実行し、結果を残していきたいと思っているものです。

しかし、任されているはずなのに、強く干渉されてしまうと、そんな状況に慣れていない現地のトップ人材は激しく反発することがあります。

こうして、その人材の士気や登用の面で問題が生じてしまうのです。


もちろん、会社への不満だけが去っていく理由ではありません。新しい会社に行きたい、キャリアを変えたい、家族が理由で引っ越さなければならない、いろんな理由があるでしょう。

しかしながら、日本とのさまざまな軋轢《あつれき》に起因する会社への不満だけでキーになる人材が辞めてしまうのは悲しく、やはりもったいないと思います。


さらに、コミュニケーションルートを広げるのもよくありません。

海外では、マネージャー階層に合わせて、報告ルートにこだわるケースもよくあります。

特定の日本人同士や、組織の階層を超えたコミュニケーションをされてしまうと、トップマネージメント（経営陣）からすると、信頼を置かれていないように感じます。

たとえば、海外にある子会社の状況を、日本の本社がやたらと細かいレベルまで知りたがることがあります。ときには、海外のトップの責任者を飛ばして、その部下にも話がおよんでいきます。責任者だけではなく、現場の担当者からも話を聞きたい、ということがあります。しかし、聞くだけ聞いて、その情報がどう使われたのか、わからない。最終的には、何にも反映されていないことが多いのも現実です。

これは、概して日本側のルーティーン化された情報集めにすぎず、事業の本質からは意味を欠く事務的な作業が多いためです。

こうしたコミュニケーションは、海外のトップマネージメントからしてみると、「自分が信頼されていない」というメッセージに聞こえるものです。

こうしたケースを、彼ら彼女らは〝自分への侮辱〟と感じることもあります。

そのくらいに嫌なものなのです。

そうした日本人のコミュニケーション特性を現地の方に理解してもらいたいと思う一方、

その屈辱に耐えられるようなタイプの人は、海外市場においては、必ずしも優秀な人材ではないのでは、と私は思うことがあります。

マイクロマネージメントされても耐えるような現場のトップには、自分の思うように事業推進ができていないにもかかわらず、「そうか、自分は責任を取らなくていいのか」と思って安住しているタイプがいるからです。

また、業績が厳しいときこそ、ビジネスが思わしくないときこそ、現地の現場をしっかり支えなければなりません。特にリストラされることがない本社からの派遣組と、海外法人にいる現地採用の人々では、その危機の感じ方がまったく違うことが大いにあります。

そのようなときでも、現地のマネージメントを支え、日本の本社側に立つなら立つで、海外子会社を応援し、支えていかなければなりません。

あるとき、こんなことがありました。

事業のキーになる米国人従業員が、「自分は適正に評価されてないから辞める」といい出しました。**私はそうしたときには、辞められても仕方がないと思う一方で、最後の努力**

をしてみるようにしています。

話を聞くと、彼の主張にも「一理あるな」と思うところは多くありました。

彼は日本法人の中で働く米国人としての典型的な問題に苦しんでいました。マネージャーが日本人ばかりで長期的に出世できるかわからない、日本語での会話ばかりで疎外感を感じる、会社にはいろんなことを提案しているが、聞いてもらえるかどうかわからない等、私にも理解できることばかりでした。

彼はちょうど新婚だったので、

「あなたは奥さんに何回『愛してる』っていいますか？」と聞いたところ、

「毎日三回は」と答えるのです。私は、

「日本人が何回奥さんに『愛してる』と伝えるか知っているかい？　日本人は付き合うときと死ぬ前の2回だけだよ。あなたは『会社に認められてない』というけど、日本人はそんなに褒めたりしないんだよ。あなたは充分に期待されているし、ポジションだって考えられているんじゃないかな。米国の文化を理解してもらいたいという気持ちはわかる、でもそうした日本の文化も理解してもらいたい」と伝えました。

そうしたところ、彼は「よくわかった」と涙を流して理解してくれました。

この件で結局、彼とはより固い信頼関係を築くことができました。

海外の従業員が「文句をいってきた」、あるいは、「辞めるならほっておけ」ということではなく、ちゃんと話し合うことで先に進めることもあるのだと学びました。

一方で、それ以降、やはり**欧米では、評価は相手にしっかり伝えるべき**だと考えるようにもなりました。

特に重要な役割の従業員には、よし悪しの評価を常々伝え、誤解のないようにしておくといいでしょう。

〈海外特有のオペレーションの壁〉

任せる一方で、任せすぎてはいけない

海外でのオペレーションを海外の現地人に任せるといっても、そこで起こっていることに目配りを怠ってはなりません。

任せる一方で、任せすぎてはいけない、という点が難しいところです。

特に海外では、日本と同じような「倫理観」を全員が必ずしももっているわけではありません。また、中途採用も多く、転職することが多い人材は、会社に一生いるわけでもないので、まちがいを起こすことへの抑止力がひょっとすると、日本より少ないのかもしれません。

ですので、不正が起きる可能性は、決してゼロではありません。定期的な内部監査で、

人とお金の流れに問題はないか確認すると、抑止効果もあります。

また、第三者による監査もときには行う必要があります。

自分で見ての監査も重要ですが、会計士や弁護士などのプロフェッショナルに見てもらうのもよしです。自分で見抜けるところと、見抜けないところがあるので、管理は二重、三重にしておくと安心です。


そして、従業員の行動をモニタリングすることが、ときには必要です。

不正をしている人は、「バレないか」という不安の気持ちをもっているため、事務所を空けたり、休んだりすることをしなかったり、会社からの監査を異常に拒絶したりします。あるいは、ある特定の事象を他の人に見せない、任せられない、といった傾向があります。

何かおかしな様子はないか、会社全体でしっかり目を光らせておくべきでしょう。


取引やお金の誘惑だけではありません。

ドラマのようですが、異性を仕込まれるケースや、高額なプレゼントを渡されて取引を有利に進められるように仕向けられるケース等、なんでもやってくる国や地域もまだまだ世界にはあります。そういうところにはまり、身動きができなくなっていく人々をたくさん見てきました。

そうした**誘惑に負けないためには、しっかりとした倫理意識を、個々のビジネスパーソンがもっていなければいけません。**

一般的にビジネスでポジションが上がれば上がるほど、あるいは権力が大きくなればなるほど、誘惑も増えていく傾向にあります。

正しいことを行う大切さを、そうした倫理観を、肝に銘じておくことが必要です。

不正には厳正に対処すべし

もし不正が起きた場合には、厳しく対処したほうがいいと思っています。日本企業は、不正が判明しても、従業員を訴えたり、世間に公表したり、裁判になるのを嫌がる傾向がありますが、それでは将来の抑止力になりません。

**不正をした本人が目の前にいた場合には、解雇して訴える、お金も何年かかっても取り

戻す、とはっきり伝えるべきでしょう。厳しい結果が待っているのだとわかれば、その周りの人たちの行動も変わります。

実際に不正の話を聞いたことも多々あります。

海外現地法人から報告書にどうも理屈に合わない変な数字が上がるようになり、その海外現法の数字を調査しようとしたところ、現地における現地人のトップからは、「自分たちを信頼していないのか」という声が上がり、会社としても「そこまでしなくても」ということで、そのときは監査の派遣をためらってしまったそうです。

しかし、数年経ってもその状態が改善されず、**現地のトップが海外出張で不在中に、弁護士や会計士と現場に踏み込み、従業員にインタビューしたり、書類を確認したところ、結果、事務所ぐるみで報告書に虚偽の数字を記載していた事実が発覚した**そうです。

また、親類の会社経由で事務所の不動産を契約している、親戚、家族、恋人であるというだけで優遇した雇用契約をしてしまう、会社間の取引で株やバックマージンを自分の父親や子どもの名義で受け取る、会社の情報を他社に売ってしまう、よくわからない金額がよくわからない名目でよくわからないスイスや香港の口座に支払われていた、会社の資産の車やオートバイが盗難にあったといいながら、実は売却されていた、わざと訴訟を引き起こし、その仲介をするといいながら、裏でその糸を引き、私腹を肥やす等、そうした事例は枚挙にいとまがありません。

現地の不正というのは、やはり簡単に見抜けない、というのも事実です。

とはいえ、お互いオフィスで頻繁に顔を合わせて、目と目を合わせてコミュニケーションをしていれば、信頼関係も生まれるし、なかなか不正などできるものではありません。

しかし、特に日本からの海外マネージメントにおいては、毎日、顔を合わせられるとは限りません。

しかも、現場を信頼して任せている。

こうなると、起こっている事象を、シビアに見つめるしかありません。監査では、場合によってはメールもすべて見ることになります。そうすると、信頼関係があったはずが、まったくそうでなかったことがわかったりします。日本人は信じているし、信じたいですが、私は「嘘をつかれている」こともあると思うようになりました。

しかもそれは、単純に善悪の問題とは限らないのです。たとえば中東では、テーブルの上に現金が置かれていたら、それは自分のもの、という認識が当たり前なのです。それは誰かの持ち物かもしれない、誰かに返そう、といった発想がカルチャーとしてありません。置いていったほうが悪いのだ、と考えます。

同じように、会社に関わるものであったとしても、自分のもの、と思ってしまうことがあるかもしれません。善悪ではなく、カルチャーなので、いかんともしがたく、その違いを認識したうえで、マネージメントの方法を変えるとよいでしょう。

海外での不正に対して、事業拡大のためなら目をつぶることが必要なときもあるという人もいますが、私はそうは思えません。

日本で「任せた」というと、それ以降は何も見ないイメージがありますが、海外での「任せた」は、そうではありません。

監査や管理はしっかりする必要があります。きっちりと内部監査し、会計監査し、外部監査をしていきます。さらに行動管理もします。

そのうえで、現地化を推し進めることが必要だと思うのです。

そういう海外特有のオペレーションをするには、日本人によるマネージメントにはやはり限界があると私は思っています。

そういう意味では、**海外人材を日本人が直接マネージメントしないこともひとつの選択肢として検討すべき**です。中間マネージメントの層や仕組みをつくることも重要です。

たとえば、中東の人やイタリア人を、日本人が直接マネージメントするのは、簡単ではないかもしれません。しかし、イギリス人や米国人、ドイツ人であれば、うまくマネージメントすることができるかもしれません。

そんなふうに割り切って人材を活用し、機能するための不安のない組織をつくることです。

〈日本人同士の壁〉

日本人同士で盛り上がると、疎外感を感じさせてしまう

現地化にあたって、気をつけて行動しなければならないのは、日本人同士で固まってしまうことです。日本を離れると、いろんな不安や悩みも増えます。余計に日本や日本人が恋しくなってしまうものです。

でも、こうなると、現地の人たちと交流する頻度が少なくなってしまい、ビジネスにおいて、かえって苦労することがあります。

日本人が、海外法人、海外子会社等海外の出先で働く際に、日本人同士で大笑いして盛り上がっていたりすると、日本語がわからない外国人はバカにされているのではないか、と思ってしまうことさえあります。

逆の立場に立って、想像してみてください。

たとえば、海外のオフィスで、外国人に囲まれ、日本語以外の言語で話されたら、心理

的疎外感を感じるのではないでしょうか。

あるいは、海外出帳に行かれる方は、同じように気をつける必要があります。日本人がたびたび出張で行っては、日本人同士で会話してばかりいるケースです。

本来であれば、**現地にいる駐在員ではない、あるいは日本人でない現地の人と、コミュニケーションをしてこそ本当の声が拾える**ものです。

時間も限られていますし、日本人駐在員との時間を割きがちになってしまうのは理解できなくもないですが、これだけでは、なかなか現地のことがわからなくなるのが実情です。

また、やってきてすぐに日本人同士で日本語でコミュニケーションをしているような人を、果たして現地が出張者として歓迎できるかどうか……。いったい誰に会いに来たのか。現地の状態を見に来たのではないのか。そんなふうに思われてしまうかもしれません。

あるいは、たまにしか行かない業績が思わしくない子会社で日本語で話をしていると、リストラの話をしているのではないかと疑われたりし、余計な不穏を招くこともあります。

まったく**自分たちに理解できない日本語で、目の前でしゃべっていられたら疑心暗鬼にもなるのが、人間の自然な感情**です。いろんな国の人々が働いている会社では、配慮をした行動をする必要があります。
こうしたことはどの国であっても、起こりえます。
また、こういうことは、外国人だってきちんと見ています。

私自身も、あるパートナーの米国の拠点を訪問したとき、ついつい旧知の日本人の知り合いに会って、日本語で話し込んでしまったことがありました。
そこに通りかかったのが、その現地の米国人トップでした。その後「日本語で何を話していたのか？」、「何かあるなら自分に教えてくれないか？」といわれ、日本語で話されるのは正直気分が悪かったのだろうと想像し、それ以降、日本語を話すのは最小限にするよう心がけています。

また、日本企業では、海外人員がどんどん辞めてしまうようなときに、「米国人はすぐ辞めてしまう」とか、「業績が落ちてきたので、辞めてしまった」、「あの人はうちの会社には合わなかった」とステレオタイプでバイアスのかかった理由を挙げて、簡単に流してしまうことがあります。

どうしてなのか、理由がなかなか日本の本社や現地の日本人にはわからない。日本人社員は何度もその国に出張に行っているのに、気づくことができない。

そしてあるとき、現地のトップまでが辞めるといい出す。日本人にとっては、青天の霹《へき》靂《れき》に思えることだった……、というような話も聞きます。

しかし、現地社員が辞めるというのには、たいていはちゃんとした理由があるものです。現地では皆そうなるだろうと想像できていたということがよくあります。

やはり、**人間同士なので、国は違えど、目を見てきちんと話せば、わかり合えることも多く、なんの前触れもなく突然辞める、なんてことを防げる**こともあります。

そのためにも、英語なら英語、共通に話せる言語で日頃からいいコミュニケーションを取り、理解しあえるようになっておくことが重要です。

本社と海外子会社のやりとりも英語にすべき

日本の本社と海外子会社の間でも、日本語の壁はできるだけつくらないほうがいいと考えています。

そのためには、**日本の本社と海外子会社のやりとりは英語にしたほうがいい**でしょう。ちょっとしたことのように感じるかもしれませんが、日本とのやりとりが日本語の場合、そこが後々大きなボトルネックになっていくことが多く見受けられます。

何より、コミュニケーションが日本語の場合、情報の出入り口がほとんど、結果的に日本人になってしまいます。日本からの連絡は英語のできる人が行い、返答も海外にいる日本人になる、その逆もしかりということが多く見受けられます。

子会社トップに現地の人材を置いているケースでも、本社とのやりとりが日本語のため、本社とのコミュニケーションは別の日本人が日本語で取っているというケースもあります。けれども、特に欧米では、「レポーティング」という役割は、「組織構造上の上長がする」ということが重要で、そこに誰かが介在するのを好みません。

一方、海外駐在員は、海外子会社側で、「本社とのやりとりが自分の仕事だ」と思っている人もいたりします。しかし、実際には現地スタッフからそういう方は「価値がある役割を果たしていない」と思われているケースが多いのです。自分が単なる駐在員ではなく、海外子会社の立場に立って本当に現地で活躍できているのかどうか、現状を把握したほうがいいこともあります。

海外側もさることながら、日本側の本社も海外からの情報の受け手としてそれなりの準備と用意をしておくことが必要だともいえます。

グローバル事業や欧米事業に関わる日本側は、言語としての英語が必須になります。日本から小規模にマネージする場合には日本語でもかまわないケースもあります。しかし、日本側の担当者の日本における実績や事業への過信が言語的障壁を軽視し、コミュニケーションを崩壊させるケースをよく見ます。

欧米やグローバル規模でマネージしようとする際に、英語のコミュニケーションができない場合は、それ自体が障壁になり、大きな未来が期待できない組織構造になっているともいえます。

また、**一方で、「英語ができる」だけでは、何のとりえにもなりません。**日本人が日本語を話せるのと同様、米国人は英語を話せて当たり前なのです。英語ができるのと仕事ができるのは、また別の物差しできちんと見る必要があります。

〈新戦略の壁〉

サンリオの次なる戦略は、心と心をつなぐ「エモーショナル・コネクション」

自社による物販モデルからライセンスモデルへのシフトが、ここ数年のサンリオの成長モデルでした。

しかし、ひとつの戦略がしばらくうまくいったからといって、そこにずっと安住するわけにはいかないのが企業です。世の中は常に変化し、企業も生き残っていくには変革が必要なのです。サンリオにも次の変革が必要な時期だと思っています。

企業としてのイノベーションが起きているのか、新しいことが起きているのかを測るためには、**新規事業による売上や利益がどれくらい上がっているかを見るとわかりやすいです**。サンリオの場合、新しい海外地域、新しいカテゴリー、新しいキャラクター、新しいビジネスモデルなどから、売上が上がっているのかを見るのがベンチマークになります。
また、今の世の中を見ると、心と心をつなぐ「エモーショナル・コネクション」が、消費者の心をつかむための重要な要素になっています。

玩具業界を見ても、単純なキャラクターは売上が伸びず、映画やアニメーションのようなストーリーテリングがあるエンターテインメントや感情を動かすキャラクターのほうが、世界的にも業界的にもここ数年、成長率が高いのです。また、体感型の店舗やテーマパークがますます人気になってくると思っています。

感情をつなぐ「エモーショナル・コネクション」には、「ストーリーテラー」（物語や体験談を通して、メッセージを伝える）になることも必要です。その際には、必然的に、第三者を通じたライセンスやエージェントによる活動ではなく、自社での活動量も増やしていく必要があります。

自分たちの思いは、他人ではなかなか代弁できないのです。

二〇一五年、日本でも、バーバリーが三陽商会とのライセンス取引をやめて、直営に切り替え、スターバックスもまたサザビーリーグとの合弁を解消し、米国本社の子会社にしたのは、そのような流れをくんでいるのでしょう。

〈社内の壁〉

一番高いのは社内の壁だ

事業の具体的な立ち上げ方や人事、採用などについて述べてきました。

2章の最後にお伝えしたいのは、海外で仕事をしてみたい、特に日本の企業の中で海外での仕事をしてみたいと思った際に、**一番心に抱いていただきたいのは、「社内の壁」があるかもしれない**ということです。

これを乗り越える勇気をもって突き進んでもらいたいと思っています。

海外事業は、多くの日本企業にとってたいてい新しい取り組みだったり、本流ではないサイドビジネスだったりするものだと思います。そうした新規事業や、本流でないものは、総じてなかなか周りに理解されるものではありません。

はじめたはいいものの、協力してもらいたい部署に協力してもらえず、リソース（資金や人）を投入してもらえず、上司にも理解してもらえず、本社から距離も遠く、優先順位が低いため、本社からの支援はたいがい冷たいものです。

また、海外ニーズや現地の自治を理解してもらえず、たいていの管理部門からは、とんちんかんな質問や、よくわからない要望がたびたび来て、現場が疲弊するものです。

これが社内の壁です。

海外事業でぶつかる壁の多くは、こうした社内の壁も同時に伴うのです。

そして、そうしたものは、海外でぶつかる障壁以上になくならない性質の壁かもしれません。

本来の海外での目的を見失い、旧来から社内にある多くのしがらみに、がんじがらめになり、元も子もない展開になりがちです。

新しい海外展開は、中長期で価値を構築していくもので、短期的には利益が出ない取り組みだったりします。

もし、そうした部隊を見る立場にいる方なら、短期的な視点ではなく、長期的な視点で、そうした部隊を守っていくことを考えていただきたいです。勇気ある展開の背中を押してあげるのです。

こうしたことは、ひょっとすると、海外事業に限ったことではなく、何か新しい取り組みを社内でされる際には、同じようなことなのかもしれません。

そして、**新しい取り組みをされる方、自ら海外展開を開拓される方、あるいは上司や組織に恵まれない方は、道を迷わないように最初に自分の方向性を定めた羅針盤《らしんばん》をしっかりともたれ、覚悟のうえで、取り組まれるといい**と思います。

第 3 章

自分自身が世界で突き抜けるには

～個人キャリアのつくり方

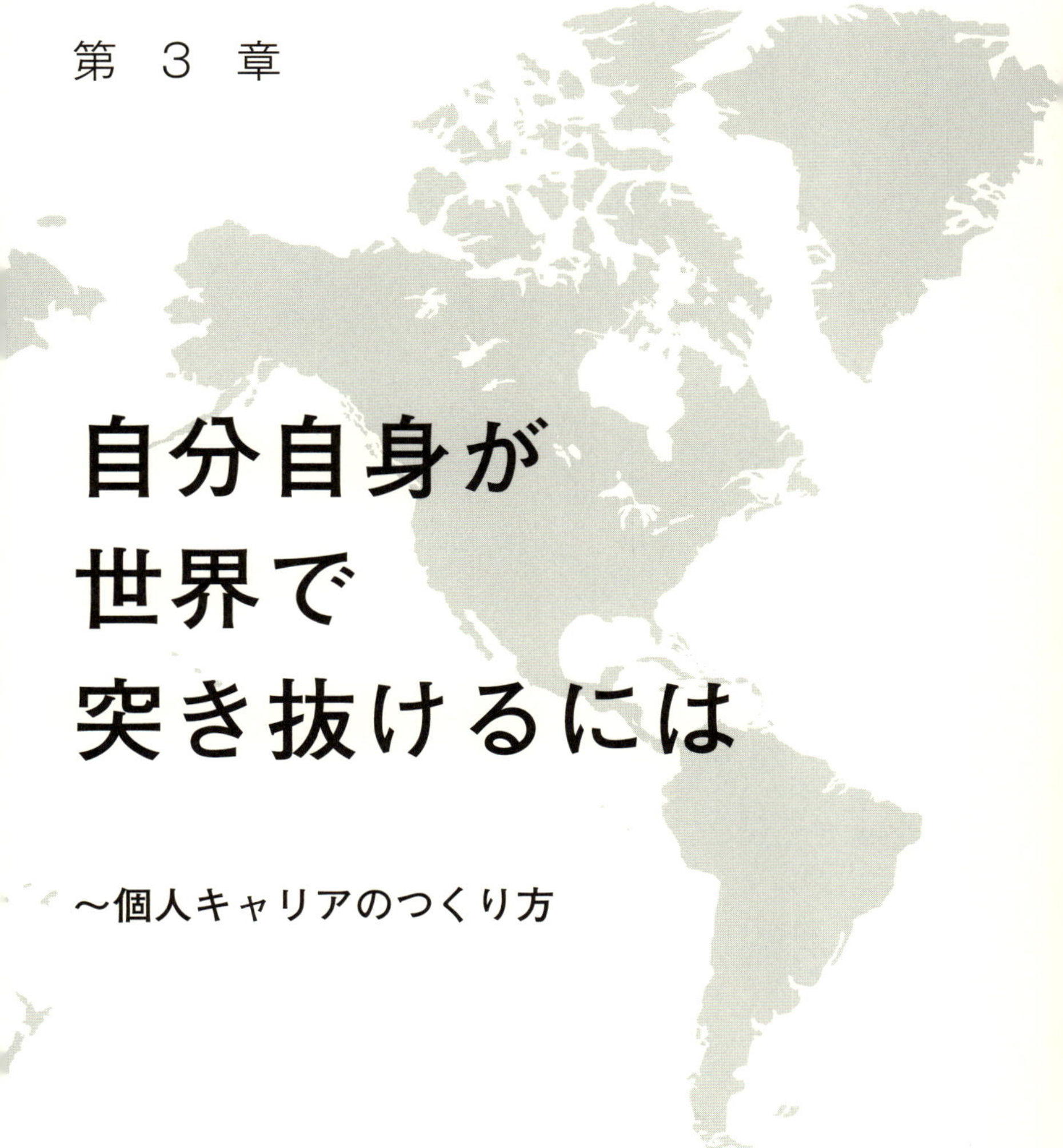

〈グローバル人材の壁〉

世界を変えたい、世の中を動かしたい……。志をもっているか

3章では、個人がグローバルキャリアをつくっていくためのヒントをお伝えしていきます。

米国人のビジネスパーソンの成功といえば、経済的な成功をイメージされる人が少なくないかもしれません。しかし、必ずしもそうではありません。

先に、米国人が重視しているのは、どう生きていくか、何のために生きるのか、という人生哲学だと書きましたが、ハーバード・ビジネススクールでも、**強く印象に残った学びは、ビジネスの具体的なメソッド以上に、リーダーシップであったり、倫理であったりといった、ビジネス以外の考え方でした。**

会社やキャリアによって、自分の人生をどう導いていくのか。リーダーは自分自身、それをもっていないといけないし、部下のビジョンやミッションについていっしょに描き、それを実現するための環境をつくってあげなければいけません。

そして、リーダーの行動原理の原点になるものがあります。

それが、「志《こころざし》」なのです。

グローバルに活躍するビジネスパーソンにもっとも必要とされるもの——私はそれこそが、志だと思っています。世界を変えたい、世の中の役に立ちたい、インパクトがあることをしたい……。こういう志が、すべての行動をするうえでの原動力になります。

何か大きな貢献をしたときには、そのバリューが金銭的に返ってくるべきだ、という考え方は極めて根強くあるとは思います。しかし、最初にはじまるのは、お金ではなく、志です。こうしたい、ありたいという気持ちの強さです。

特にシリコンバレー周辺の大きな魅力のひとつは、そうした志をもった人たちが集まっていることです。世の中を変えたい、大きなことをしたい、そんな志のもとでキャリアをつくりたい……。そんな思いをもっている人ばかりです。

当たり前のように自分はどうしたいか、ということをみんなが話します。

そういうところからアイディアが出てきたり、実際に起業につながることもあります。

そんなところに放り込まれると、「あなたはどういう人生を生きたいのか」、「あなたはどういう事業を創りたいのか」を問われる機会に恵まれます。

そして、**自分の中で「こういうことをしてみたい」というものが自然にわき出てくるようになります。周りが与えてくれる刺激が、自分の志をはっきりとしたものに浮かび上がらせてくれる**のです。そして何かをやろうとなったときには、周囲がフォローやサポートをしてくれることもあります。

実際には、二の足を踏みそうになることもあるのですが、推され方が強烈なのです。しかも、自分でそれをやってきて成功して、大きなものをつかんできている人たちが推してくれるから、説得力があります。

シリコンバレーに限らず、どの仕事でキャリアを積むにしても、志は極めて重要になると私は思っています。

世の中のためにこうしたい、という思いは、上司であろうと部下であろうと、あるいは取引先であろうと、周りにいる人々を動かすことになります。大義があるからこそ、みんなが向かっていけるのです。

日本でも会社を替わることは一般的になってきましたが、それでも多くの人が理想だと思い描いているのは、ひとつの会社にずっといることではないでしょうか。

しかし、米国では、このようなキャリアは理想とはされていません。

むしろ、問題ありだとされます。それどころか、転職もせずにひとつの会社にずっといることは、悪いことだという認識すら、もっている場合もあります。

同じ会社にずっといると、その環境になじんで、居心地がよくて、満足しています。そういうときには、むしろ環境を変えるほうに動こうとするのが、米国人です。ある程度、できるようになって、その職場で新たな壁に直面するようなことがなくなったら、会社を替えないといけない、という考え方が芽生えてくる。そうでないと成長できないからです。

ざっくりいうと、五年に一回程度は会社を替わる。そんなイメージでしょうか。私の周りだと、五年に三回くらいは替わっています。ビジネススクールを卒業して七年ほどになりますが、**会社を二度、三度替わっていない人はほとんどいないくらい、キャリアを替えることは珍しくありません。**

実際、会社を替わるときに、履歴書に転職経験がないとキャリアとしての価値が見出されないと考える人もいます。

とらえ方によっては、転職経験がないと他の会社から声がかからないほど能力がないのか、と思われてしまいます。自らいろいろなキャリアづくりにチャレンジすることもしないのか、その程度の人物なのか、とも思われてしまう。

極論してしまうと、転職しないと負け組。

そのくらいに考える人もいるのです。

クビを切られたら、コングラチュレーション！

グローバルキャリアの〝厳しさ〟についても、ご紹介しておかなければいけないと思います。それはいつでもクビを切られることがある、という認識をしっかりもつ必要があることです。

海外では、取引先のトップがよく総入れ替えすることがあります。

もちろん、転職して辞めていくケースもありますが、同じくらい、クビを切られてまるごと変わることもよくあります。たとえ会社の創業者であっても、上場企業であれば場合によってはクビを切られるのを、身近で何度も見てきました。

本当に唐突にこういう事態が起こることもあり、いつも身が引き締まる思いがします。

本来、日本においても取締役であれば、従業員との雇用契約とは違い、通常、任期は一年や二年単位になり、雇用がずっと保証されているわけでもありません。

毎年、その期間に何が期待されて、何をしたのかによって株主総会で審査されることになっていますが、そうした意識は希薄かもしれません。

海外では、エグゼクティブクラスでクビになることは、必ずしもアンハッピーとは限りません。解雇には、しっかりとした金銭的保障がついていることもよくあるのです。入社時点で解雇条件について話をすることもあります。その条件とは、たとえば入社後に会社側が一方的な理由で解雇する場合には、二、三年分の給与を保障した、〝解雇パッケージ〟を用意するというようなものです。これは、特にエグゼクティブクラスに対しては、その前に他社で相応の地位や給与をもらっていたことから、辞めて転職してもらう際に、それなりの保障をすることで移ってもらう仕組みになっているともいえます。

どうしてこんなことができるのかというと、クビになることは決してお互いにとって悪いことではないという考えがあるからです。

クビになった本人も次の会社に移るいい機会だととらえればいいし、会社側も一時金を払うだけで後腐れなく、すぐに次の体制に移行することができます。また、お互いハッピーに別れることによって、出戻ってくるようなこともありえます。

この点では、欧州も同じで、法律で厳しく要件が定められていることもあり、やはり一定の補償を受けられることになります。

しかしながら、「一生雇ってもらいたい」と願う人の多い日本では、一、二年分の補償でも、魅力に感じないのかもしれません。また、労働力の流動性も低く、転職がしづらいという現実もあります。

もしかしたら、**解雇で労働者がもっとも厳しい思いをすることになるのは、日本なのかもしれません。**解雇されにくい国だといわれますが、解雇されても会社からの補償は限られています。

そう考えると、グローバルのほうがずっと労働者にやさしいのかもしれません。解雇されたら、補償があるためです。

クビになったら大変だ、という思いが日本では大きいわけですが、グローバルではその認識を捨てることです。クビは恐れるものではありません。補償を得たうえで、次の仕事を探せばいいのです。

それこそ、また新しいキャリアがつくれる、新しい選択肢に挑める、ということで、解雇されたら、「congratulation《コングラチュレーション》!（おめでとう！）」という言葉が飛び交うこともあるくらいなのです。

〈転職の壁〉

他社では使えないものを削って、自らスキルを問う

キャリアを考える際に、転職が必要不可欠なものになっているグローバル社会では、自分が転職先で活躍できるイメージやスキルを、しっかりもてるか、ということを常に意識することが求められます。

そのためには、どんな会社においても通用するスキルを身につけることを考えます。

所属する会社の資産や社内のノウハウは、その会社においては必要不可欠なものではありますが、それだけでは、なかなか自分の能力として数えられません。社内のシステムやルールは会社独自のものであることが多いからです。

社内の人間関係や社内政治なども、他社に行ったら、まったく必要なくなってくるもの

です。

他社で使えないのではないか、というものをすべて削ったうえで、果たして自分に何が残るのか、ということを常に意識しておくのです。

たとえば**私の場合なら、ハローキティを自分から取り上げたら、何が残るのかを考えます。**「鳩山さんといえば、ハローキティですね」となってしまうと、私には何の能力もなかったことになり、サンリオを辞めた私は無価値ということになります。

もちろん、ハローキティがあるからこそ、あるいはサンリオだからこそ、できていることも、本当にたくさんあります。それを冷静に見極めて仕事をしていかなければなりません。

しかし、自分独自のスキルを磨いていかなければ、自分も会社の最大化もめざしていくことはできません。高い意識をもって、常に自分を高めていく必要があると考えています。

欧米人と話をしていると、そうした考え方が極めて強い印象があります。

自分は何をめざしていきたいのか、そのために、どんなキャリアや、どんなスキルが必要なのか、ステップで考えていき、経験を積み上げて、人生を考えていくようです。

また、私が海外で人材を採用する際には、そうした前提があることを念頭に入れて面接を行っています。相手がどんな経験をしてきたのか、そのスキルをどう自分たちの会社で生かしてくれるのか、ということです。

こんなことを達成して、こんなことができます、という単なる経験も重要ですが、他社でも通用するようなジェネラルな能力や、他にも応用可能な能力が身についているかどうかを確認して、評価の対象にしています。

人をマネージした経験、ある特定の事業を構築した経験、グローバルな事業ないし会計連結をした経験、特定の業界人脈があるか、そういったことを、他社に移ったときにも生かしていけるのかという視点で自分を見直すと、今やっている仕事が本当に自分のスキルに基づいたものなのか、問い直すことができます。

新しいキャリアは、さらに次の新しいキャリアをつくる

海外では、求められるキャリアを先読みして自分自身でそれを構築していくことも問わ

れていきます。

たとえば、私の業界では、かつてはライセンス側にいた人が、小売業に転職して小売りを学び、二つの違う立場がわかるようになったりします。

そうして、転職をくり返しながらいろいろな経験を積み重ねることで、ひとつ上のポジションをめざします

さらに、マーケティングやプロモーションもやってきた、となれば、そのまたひとつ上のポジションが狙える可能性が高まります。

そのため、自分の能力をさらに補完できる能力が身につくような部署への異動をしたり、転職の仕方を意識して、上をめざしていきます。

そして、上に行けば行くほど、よりジェネラルな能力が評価されるようになっていきます。CEOの人材プールのようなところにひとたび入れば、分野をまたいで、声がかかるようになります。必ずしもその業界を知っている必要はありません。

一方、日本では、転職の面接の際に、自分のスキルを語る前に、会社に帰属する能力に

ついて語る人も多いです。そうすると、実際に転職した際には、転職先で能力が発揮できず、困ったりすることになります。

これからは日本でも、転職してキャリアをつくっていくことがより一層重要になっていくと私は思っています。

転職するかしないかはさておき、私が推奨しているのは、**履歴書を書き、常にアップデートしておく、**ということです。

自分の経験を客観的に棚卸ししておくのです。

自らのキャリアを冷静に、客観的に見極めてみるいい機会になると思います。

ときには、今、自分が働いている目の前の会社に対する思いも冷静に見極めることができるかもしれません。

また、それを見ながら、自分がこれまでに築いてきたものを使って、これから何ができるのか、あるいは、何がしたいのかというところにも意識が向かいます。こういうことが足りないな、こういうことも書けるといいな、ということも見えてきます。

そして、新たな経験を加える心づもりをつくっていくのです。

欧米の履歴書は、Ａ４で四～五枚くらいで、人によっては一〇枚、二〇枚を超えるようなものを提出する人もいます。そこからも能力重視であることが読み取れます。

日本では、キャリア形成＝転職となかなかならないと思いますが、ひとつの会社の中にいたとしても、

「この仕事は自分でなければ、他にはできる人はいない」

「プロジェクトがまだ途中だから今、辞めるわけにはいかない」

と思わずに、部署を異動しながらキャリアをつくっていったほうが、自身の能力開発には役立つかもしれません。

〈海外生活の壁〉

一〇年後を大きく変えるつもりで、海外に出てみる

海外に興味があったり、グローバルキャリアをつくりたいと思ったら、一度海外に行ってみるべきだと思います。

今、海外に出たいという人が少なくなってきていると聞きますが、それこそ周りとの差別化のチャンスです。

自分の一〇年後、二〇年後を変えるつもりで、第一歩を踏み出してみるのです。

日本に住んでいて見える世界の姿と、海外に出てみて見える世界の姿を、自分の目で経験してみる、海外に出ることで日本というものを見直す、いい機会にもなります。

大きなチャンスが待ち構えている可能性がある、ということです。

わざわざ苦労をするために海外になんて出て行かなくても、と思われるかもしれませんが、私はそうではないと考えています。なぜなら、それで得られるものは、途方もなく大きいからです。

私自身も実感してきたのは、「何かができない」という経験がたくさんあったということです。新しい環境に身を置くことでチャレンジや難題ばかりに囲まれるのも事実ですが、そうしたものをひとつひとつ乗り越えていくことを楽しんでいます。

人間は生きていれば、できることがどんどん増えていきます。そうすると、今できることだけでなんとか生きていこうとしがちです。もちろん日本にいても、できないことはたくさん経験できますが、これが海外に出れば、もっと大きなスケールで経験することになるのです。

ですので、たとえ海外に行っても、自分にできることだけをやっていては、得られるものが少ないかもしれません。できないことがあったほうがいいし、どんどんチャレンジしたほうがいいし、どんどん失敗していいのではないでしょうか。

そして、それは**すべて自分に何かをもたらしてくれるという感覚を、海外に暮らすことで自然に手に入れることができます。**

外国人だって悩む。縮こまる必要なんてない

まずは**手はじめに、一週間、二週間など、長めの海外旅行に行ってみてもよい**と思います。その際に、観光だけでなく、できるだけ現地の人と触れ合ってみるのが大切です。あるいは、もう少し踏み込んで、三カ月間、語学留学をしてみる、一年間の留学プログラムに応募してみる、二年間の大学院に行ってみる、海外駐在に手を挙げてみる……少しずつ壁が高くなりますが、海外生活を体験するチャンスを探し続けてみることです。

そして、そうした何かしらの海外経験が皆さんにとって人生を変えるような経験につながっていく可能性がある、と私は考えています。

一度でも海外生活を体験すれば、衣食住や文化、習慣に関して、ああ、なるほど、こういうものなのか、ということが身をもって感じられます。

そうした経験が世界の壁をぐっと低くしてくれることでしょう。

大学院時代に、カナダやオーストラリアから米国に留学してくる人たちに出会いました。英語を母国語にする人々で、見た目も、米国人とあまり違いがわかりません。ところが、彼ら彼女らも、米国で暮らすと、最初はいろんな悩みを感じるのです。それを目の前にして、私は大いに驚いたものです。

フランス人だって、ドイツ人だって、イタリア人だって、米国で初めての生活をしようとすると最初は悩みます。生活環境の違いに戸惑い、空気感の違いに不安をもち、コミュニケーションに迷うことが多いのです。海外の生活において、悩みを抱えるのは、日本人だけでは決してないのです。

もっといってしまうと、テキサスの田舎で生まれ育った米国人が、都会に出てきたときには、戸惑います。

ですから言葉ができなくても、縮こまる必要はない、ということです。

みんな悩んでいるから、自分も悩むのは当たり前。

そんなふうに開き直って、楽しんでしまいませんか？

それが、海外生活をするうえでは、とても大切なことです。

新しい場所で新しい経験をするのは、誰でも不安に思うものです。

また、勇気を振り絞らないとなかなかできないものなのでしょう。

しかし、そのドキドキする気持ちは、地方から東京の大学に出てくる、あるいは、東京の会社に就職するのと何ら変わらないものかもしれません。

一歩踏み出して、経験を経ていくと、強くなるのです。

悩むという体験を実感値としてもつことに、とても大きな意味があるのです。

〈言葉の壁〉

流ちょうな英語を話す必要はない

とはいえ、海外暮らしやグローバルキャリアを考えるうえで、まず突き当たるのが、「言葉の壁」、特に「英語で話す」ということではないでしょうか。

しかし、世界に出て行ってみて感じるのは、日本人は語学の壁について、高く考えすぎているということです。

まず、**「英語は完璧に話さなければいけない」という気持ちが強すぎる**のかもしれません。

こんな英語を使ったら悪い印象をもたれるんじゃないか、下手な英語を使っていると思われるんじゃないかと心配し、うまくしゃべれない恥ずかしい姿を見られたくないという気持ちのほうが先に立ってしまい、話したがらない人をよく見ます。

しかし、心配しすぎるよりも、気持ちで話してみることが何よりも大事です。

たとえば欧米人が日本語で話しかけてくるとき、完璧な日本語を期待していないのと同様、**欧米人は日本人に、流ちょうな英語を必ずしも期待していません。**

海外では、完璧でない英語を堂々と話している人が現実に多いです。欧州人は、ほとんどが英語圏ではないですし、私が聞いていても、理解できない英語を話されている方が多いですが、一向に気にしているようには思えません。

あるいは、英語を母国語とする国でも、米国、イギリス、カナダ、オーストラリアと微妙に英語が違います。もっというと、日本語でも東京弁と関西弁の違いがあるように、米国内でも地域によって発音が違います。

ですので、失敗を恐れずに、一歩踏み出す。

一言でも二言でも発してみることだと思います。

また、海外では、言語に関係なく、力強く生きていくことが必要です。

それこそスパニッシュ系、ラテン系のレストランに行くと、誰も英語を話していなかったり、日本語が通じなかったりします。また、たとえばチャイナタウンでは英語を話さず、中国語だけを話して、一生を終える人もいると聞きます。

〈MBAの壁〉
私がMBA留学をすすめる理由

個人のキャリア形成という意味では、ＭＢＡ（Master of Business Administration＝経営管理学修士）留学をすることを私は推奨しています。

私にとって、ＭＢＡ留学は、人生を変えたできごとでした。

それまでは、商社で仕事をしていたとはいうものの、三四歳までは本当に国内がメインのビジネスをしている人間だったのです。

そして大学の頃から留学を意識していたのですが、実際、行ってみて「こんな人生があったのか」ということを改めて知りました。

私も当時、日本での仕事を存分に楽しんでいたため、一時はわざわざキャリアを止めてまで留学しても……という気持ちになったことがありましたが、あきらめませんでした。

自分はハーバード・ビジネススクールに留学したのですが、留学するなら、ぜひ米国のトップスクールをめざしてほしいと思います。

「ハーバード・ビジネススクールなんて、とてもとても……」

なんて思い込んでしまっている方も多いようです。もしかしたらトップスクールに行けたかもしれない方が、英語や学力テストのひとつであるGMAT《ジーマット》がこの成績では……と考えて、自分でランクを落としてしまったり、無難な選択をしてしまったりすることがよくあります（ちなみに私は、GMATの点数がよくありませんでした）。

これは、日本で自分の偏差値をベースに志望校を決める、大学受験のときのやり方です。

しかし、**MBAの行き先はそんなふうに選ばないで、自分が行きたい、自分の目的に合った学校を選んだほうがいい**のです。

では、MBAで何が学べるのでしょうか。

もちろんビジネスに関して、大きな学びを得ることができます。

たとえば、やはり数字には強くなりました。それまでの私は、どちらかというと数字タイプのビジネスマンではなく、ファイナンスも好きではなかったのですが、基礎をしっかり学べたことで、仕事は大きく変わりました。

しかし、**本当に大きな学びになったのは、海外での生活であり、世界の多様さを理解したこと**だと思っています。しかも、それを海外赴任という形ではなく、学生として学ぶことができました。学生生活というのは、もっとも心地よく現地の生活を享受できるものなのです。

ハーバード・ビジネススクールでは、一クラスに三〇カ国以上の出身者がいました。これだけで、グローバルな環境でした。そんな中で、掃除をしたり、炊事や洗濯をしたり、日用品を買ったり、ものを食べたりという生活シーンを体感することができたのです。いろんな宗教があって、いろんな価値観がある環境――。その中で、いかに普通に自分も生活を送っていくことができるか。それは、グローバルに生きていくうえで極めて重要な経験でした。

おかげで、海外に適応していく方法を知ることができたと思っています。

ＭＢＡ留学で多様な国から学生が来ているスクールで学ぶことができれば、グローバルな場所で生活をするハードルは一気に下がっていくのです。

一例を挙げると、人間関係です。

学生生活は、その後のグローバルビジネスをするうえでの、いい準備になりました。

たとえば、中国人の男女、インド人の男女が、ハーバード・ビジネススクールには、それぞれ一〇〇人単位でいました。そうすると、中国のお祭りの文化を理解したり、インドの人たちと食文化を共にする機会も増えます。一方で彼ら彼女らに、日本の文化や食などを教えます。お互いに考えを交換するのです。

学生には利害関係はありませんから、余計なことを考えずに情報交換することができます。ちょっとくらい失敗しても大きな問題はありません。しかし、**もし、いきなり仕事で上司部下の関係になって、はじめて中国やインドの文化や食について理解しようとするのは、けっこう大変**だったかもしれません。

留学をして、実際にその国の友だちと付き合って、いろんな経験をして、なるほど中国の友人ってこうだったな、インドの友人ってこうだったな、というベースがあるだけで、その後のビジネスでの人間関係を、まったく違ったものにできると思うのです。

しかも、それを訓練する期間が二年もあります。

これだけでも、ＭＢＡ留学の大きな魅力になると私は考えています。

そして、出会った人たちは、そのままネットワークになっていきます。

シリコンバレーしかり、スタートアップの限られたコミュニティしかり、ベンチャーキャピタルしかり、ニューヨークの金融しかり、ハリウッドスタジオしかり、芸能人しかり。

そういうコミュニティには、なかなか入り込むのは難しいわけですが、ハーバード・ビジネススクールのつながりで入れることがあります。

一方で、日本にもハーバード・ビジネススクール出身者のコミュニティがあって、いろんな仕事がはじまったりもします。

これもまた、ＭＢＡ留学をすすめる理由です。

〈教育の壁〉

日本人だって負けていないからもったいない

海外で面接する新卒の方と日本で面接する新卒の方では、**圧倒的に海外で面接する方が即戦力になると思っていました。しかし、入社後三年くらいすると、その差がなくなってくる**のを見てきました。

それは、少なからず、教育システムが関係しているのだと思います。

米国の大学を卒業した米国人を新卒で採用して、その即戦力ぶりに驚く日本企業の関係者は少なくありません。

基本的に新卒者でも、みんな大学でインターンをしっかり経験しているので、職務経験をもっています。ですから、マーケティング資料をまとめたり、パワーポイントを使ってプレゼンテーションをしたり、という仕事がすぐにできます。

また、驚くのが、小学校からの宿題の内容です。小学校の低学年では、「自分が好きなものをなぜ好きなのかプレゼンテーションせよ」とか、高学年になれば、「風力発電と原子力発電の両方のメリット、デメリットを書き、どちらがいいかを判断して、パワーポイントを使ってプレゼンテーションせよ」といった課題が出されます。

しかも、こうしたレポート的な宿題は四人などのチームで行うことも多く、チームワークが問われます。宿題以外にも、チームワークで何かをして結果を出しなさい、というアクティビティはとても多いのです。

こうしたプレゼンテーション、チームワークといったものを小学生の頃から鍛えあげられているのですから、そうでない日本人は、なかなか敵《かな》うものではありません。

国内外かかわらず、会社の中で仕事をするときには、チームワークが問われることがほとんどです。また、イノベーションを起こすには、受身ではなく自分から考えることが必要です。チームで役割分担をしたり、ディスカッションしたりして何かを生み出す、ということを、会社に入ってからやるのではなくて、教育システムの中で学ぶ機会を米国人はもっているのです。

一方で、日本の教育は、「コンテクストを理解する教育」だと私は思っています。

たとえば、小学校では、他人の書いた文章を「この著者は何を考えていたのか?」「この主人公の気持ちは?」「この文章の解釈は?」といった自分ではない他人がどう考えているのかということを選択枝の解答から探します。また、感想文であっても、やはり、自分の主張よりも、どう解釈するかということのほうに重きを置かれている傾向があります。

子どもの頃からの教育の大きな差があり、会社に入ってからも即戦力なのが、米国の大学の卒業生というわけです。

しかし、私は日本の大学を卒業した日本人は、決して負けるわけではないとも思っています。

というのも、冒頭でも触れたように、社会で三年も働いて、**いろんな経験をしてくると、日本人もまったく見劣りしなくなる**からです。コンテクストの理解を深める教育はなかなか若いときにしかできませんが、インターン程度で学べるビジネス基礎や、プレゼンテーション能力は、比較的短期間に後からでも身につけられる技能なのかもしれません。

ただ、だからこそ、もったいない、とも思えます。最初から日本の新卒も後から学ぶ必要のないようにしておき、競争力をもって社会に入れるようになっていたほうがいいに決まっています。

それこそ、もしもグローバル企業に新卒で入社したら、パワーポイントもプレゼンテーション能力も、ファイナンス能力もエクセルの使い方も、はるかに欧米人のほうが慣れていることに愕然《がくぜん》とすることになるのです。

とはいえ、日本で教育を受けても、しっかりとした社会人生活を送っていれば、グローバルキャリアを得られる転職や転任の機会は充分にあると思います。

〈自分自身の壁〉

「安定」というものは、世の中にはほとんどない

私は、自分自身の壁ともどう取り組むか、日々、格闘しています。

外側（海外）に普段いる自分からすれば、なんだか日本にいるときと感覚が違うのです。

そもそも成功するのは簡単なことではありません。

みんな、そんなことは承知のうえで必死の努力をしています。しかし、どこまで本気でそれをやろうとしているのかどうかが、人によって違うのかもしれません。

要するに、日本からグローバルをめざす壁や、グローバル人材になる壁というのは、自分自身の中にあるのではないか、ということです。

自分自身の壁の厚さをどう破っていくか。それこそがもっとも高く分厚い壁なのではないかと思うのです。

特に**つねに壊したいと思っているのが、「安定を求める心」**です。

安定していることはいいこと、何も起こらないことこそ、心地のいいことだ、と私もつい思いそうになってしまいます。

しかしこれこそが、日本人にとっての最大の壁をつくっていると私は感じています。

なぜなら、「安定」などというものは、今の世の中にはないと思っているからです。ずっとそのまま同じで変わらない、などということは、大きく時代が変わっていく中で、おそらくありえないことだからです。

重要なことは、「不安定に慣れる」ということなのです。何が起こるかは、わかりません。それは、自分の健康もそうですし、命もそうです。経済も為替もそうですし、政治や自然現象や石油価格もそうです。

そして大事なことは、こうした揺れ動くものは、自分ではコントロールすることができないものだということです。にもかかわらず、私たちはこうしたものに右往左往してしまうのです。

もともと世の中は不安定なのではないでしょうか。どんどん変わっていくのです。

コントロールしようとしてもできないのです。

リーマンショックのような経済ショックが起きれば、世界経済は大変なことになります。テロが起きたら、経済は冷え込みます。その反対に、統計数字もよくて、株価もどんどん上がっていくこともあります。

外部の環境によって、トランプの大貧民のように、もっていたカードが弱いカードに早変わりし、一番弱いと思っていたものが一番強いカードになったりします。

こういうことが、頻繁に起こる世の中が、当たり前だと考えています。

そういうことを前提にして、不安定なものを受け入れていくということが大切だと思うのです。

唯一コントロールできるのは、自分

「安定」を最優先にしていくと、それがくずれたときに厳しい状況に追い込まれます。

自分もくずれてしまうのです。

これだけ不安定な世の中ですから、何度もくずれてしまうかもしれません。

予測ができないことは次々に起こるのです。計画していたものが台無しになるのも珍しいことではないのです。ときには、すべてなくなってしまうかもしれません。

しかし、**そんなことも起こるものだと思えば、少なくとも心がくずれることはなくなります。**いちいち慌てたりすることもなくなります。認識を変え、不安定を当たり前と受け入れるだけで、自分自身へのダメージを、最小限に減らすことができるのです。

そしてこういうときに唯一、コントロールできるのは、自分自身です。**自分の意思や自分の行動だけは、思うとおりにできるはず**です。

なぜなら、自分で決められることだからです。相手はコントロールできないのです。

私は、外の環境や他の人のことではなくて、自分を変えることをもっとも重要視しています。

自分で自分をコントロールできれば、どうなるでしょう。あの人がどうだとか、この人がどうだとか、海外だからとか、周りのことは気にならなくなるのではないでしょうか。

そんなことよりも、自分に何ができるのかを問うていけばよいのです。

それこそ、自分についてなら、自分で変えられるのです。

たとえば転職することもそうです。自分でこうするんだという決断をして、自分自身がどういう人生を歩んでいきたいかを決めて、生きていくことです。

時間はかかってもいいのです。自分なりの志や長期的な目標をしっかり定め、短期的な不安定を恐れないことです。

それが、**ゆるぎない自分をつくってくれる**でしょう。

そうすれば、余計な壁にも、惑わされなくなります。

一歩一歩、向かうべきゴールに向けて、進んでいくことができると思っています。

おわりに

●大きな目標をもつこと。長い目で人生を見つめること

人生は紙一重だな、と改めて思います。あのとき、もしあの選択をしていなかったなら、という瞬間が、たくさんあるからです。

ハーバード・ビジネススクールを卒業して、サンリオの米国法人に入社することを決めたとき、周囲の多くの人から反対されました。三菱商事という会社を辞めることもそうでしたし、ＭＢＡを得て外資系の会社などたくさんの選択肢があったのに、どうしてわざわざ日本の会社を選ぶのか、という意見もたくさんいただきました。

その後も、サンリオの海外ビジネスが大きく成功していったこともあって、たくさんの興味深いお誘いをいただくこともありますが、今はサンリオで新しいチャレンジをもらい、

楽しんでおります。

重要なことは、きちんとした意識をもって、人生を選択していくことだと考えています。自分の人生にとって、長い目で見て、それは本当にプラスなのか、人生のトータルを考えて、選択をしていかないといけないと考えています。そして、そうした選択であれば、もしうまくいかなかったとしても、後悔することはないと思うのです。

それこそ、訪れる結果だって紙一重に思えます。大きく違う結果に思えても、それはそのときの結果です。

人生は短い。しかし、ときには長い目で見ることも必要です。

本当の結果は、すぐに出てくるものではありません。

だからこそ大切なことは、大きな目標をもつことだと思っています。目標感が日本と世界での壁になっていることは本文でもご紹介しましたが、これはビジネス人生のみならず、個人の人生としても同じでしょう。

結局は、どれくらい大きな目標をすえられるかではないでしょうか。

その目標があれば、目の前に提示された一見、大きなチャンスに見えることが実はそうでない、と気づけたりします。小さな結果やポジションにとらわれることは、危険なことだったりする、ということもわかります。反対に一見、他の人からはチャンスに見えないようなものが、大きなチャンスにつながっていくことに気づけたりもするのです。

目標の大きさは、人それぞれ違うと思いますが、「その時点で自分がもてる背伸びした最大目標」をもつようにしています。

私の目標も最初はずっと小さかったです。少しずつ、自分を背伸びさせながら成長し、目標も大きくなってきたと思っています。

そして大きな目標をもっていると、常に「まだまだだ」という思いももつことができます。大変なことも、ひとつの修業だと思えます。努力することも、大きな目標につながっていると考えれば、それほど大変さを感じなくなります。

それこそ重たいものに慣れておくと、少しくらい重たいものに出会っても、軽く感じてしまえるものです。

だからこそ、大きな目標をもっておくことが大事。

大変な経験や努力をしっかりしておくことが大事。

これは海外に出て、改めて思っていることです。


少し、勇ましいことも述べてきましたが、私はずっと万事順調の人生を歩んだわけではありませんでした。

父は三井物産に勤めていたのですが、私が高校二年生のとき、出張先のイギリスで急死してしまったのです。医師の診断では、過労死とのことでした。それからしばらく人生の暗い時期をすごしました。

死後、親族の間でも、さまざまな問題が起こりました（いまだに尾を引いています）。苦労する母の姿を見るのはつらく、私は勉強にも身が入らなくなり、生活も安定せず、成績はどんどん落ち、大学にも浪人してかろうじて入りました。そんなこともあり、企業に就職したり、商社でなんてなおさら、働いてみたいと思わなくなりました。

祖父は、私のことをすごく心配してくれていたのですが、大学入学後、「大学ではちゃんと勉強しなさい」と遺言のような手紙を残して、亡くなりました。

そんなこともあり、私は心を入れ替えて、日本の大学生には珍しく、授業をサボるようなことはなく、どの授業も出席し、席も前に座り、真面目に四年間通いました。

そして、大学時代、人生の師ともいうべき石倉洋子《いしくらようこ》先生との出会いに恵まれ、マーケティングや戦略論に興味をもった私は、卒業後にマーケティングの道に進むつもりでした。

そこで、第一志望だったP＆Gのマーケティング職に内定をもらい、喜びました。

ところが、母には「絶対に亡くなった父と同じ商社に行ってほしい」といわれ、なかなか母の願いを裏切ることができず、私は入りたかった会社を断って、結局、三菱商事に入社したのでした。

けれども、社内の留学制度をもつ三菱商事に入社したことが、私にMBA留学という選択をもたらしたのです。もうひとつ、ハーバードを選んだのは、父がハーバードのロースクールに留学しており、そのときにボストンでいっしょにすごした思い出があったからです。

また、今でも大事に取ってある祖父からの手紙には、「海外では〝Ray《レイ》〟と名乗るとよい」と書いてあり、祖父の思いも感じながら、その名前を使っています。

余談ですが、ハーバードの面接試験が終わったとたんに寝込んでしまいました……。緊張しすぎてしまったようです。本書ではいろいろと述べてきましたが、私もさまざまな場面で倒れるくらい緊張するのです。

入学後、ハーバード・ビジネススクールで、ひとつ印象的なできごとがありました。「リーダーシップ」という看板授業があるのですが、その中で、「ワーク・ライフ・バランス」がテーマになったことがあります。将来の働き方をどうしたいのか、全員が作文を書いてくるように、という課題が出ました。それをクラスの中で共有することになったのです。

ところが、私はその夜、考えても考えても一行も書くことができませんでした。しかたなく白紙で提出をしました。

授業の日、たまたまなぜか私は教授から授業中に指名され（たぶん白紙で出したからでしょうが）、白紙の理由を説明することになりました。

「日本では毎日、夜中までガムシャラに仕事をしていた。自分の父親もそうだった。しかし、父親は過労死で、仕事の最中に亡くなった。

自分は高校生だったので、父への記憶はそれほど多くはない。しかし、日本で就職して父と同じような生き方をしていたと思う。そして父親もハーバードに留学し、自分もハーバードにやってきた。ただ、これは仕事をがんばった結果でもあった。

ちょうど父がハーバードに留学していたとき、自分は三歳だった。今、三歳の子どもといっしょに自分はハーバードに来ている。どうして私が仕事をがんばったのかといえば、この子どものため、ということが大きい。もしかすると、父もそうだったのではないか。自分のために過労死するほどがんばってくれた。その父を否定することは、自分にはできない。

ワーク・ライフ・バランスの取り方は、今の自分にはわからない。何が正しいのか、わからない。キャリアが重要なのか、家族が重要なのか、どちらが重要なのかと必死に考えたけれど、答えは見つからなかった。それで、書けなかった。そして、もしかすると自分は、その答えを見つけに、ここに来たのかもしれない……」

私のそのときの率直な思いでした。

驚くべきことが起きたのは、話し終えた後のことでした。教授を含めた全員が、スタンディングオベーションで応じてくれたのです。教室内に鳴り響く、大きな拍手。

今もその瞬間を覚えています。

そしてびっくりしたのは、それだけではありませんでした。私は白紙の答案を提出したにもかかわらず、その教科では高い評価をしてもらえたことです。ハーバードというのは、懐が深い学校だなと思いました。

私は今ではこんな本を書いていますが、ずっと海外出張は苦手でした。父が出張中に亡くなったからです。いまだに初めての国へ行く際には自信がなく、まずはトラベルガイドを読むことからはじめます。

この本も、みなさんのトラベルガイドのひとつのようになっていただければ嬉しいです。

なにしろ海外では日本では味わえない経験が、待ち構えています。何度もくり返しますが、日本人として誇りをもって、ぜひ海外に挑んでほしいです。

もし、若い方であれば、まずは海外に住んでみることをおすすめします。

留学でもいい、手を挙げての海外赴任でもいい、海外駐在のある会社に転職するのもいい、思い切って海外に渡って仕事を探すのもいい、起業するのもいい。

もちろん、若くなくても何歳だってよいのです……。

そうすれば、世界の壁は意外に高くないことに、きっと気づけるでしょう。

そして得られた勇気を、また多くの周りの人に伝えていってくだされば、と思います。

最後になりましたが、本書を出版するにあたっては、青山学院大学同窓の江波戸裕子さんにたいへんお世話になりました。また、構成・執筆を進めるうえでは、ブックライターの上阪徹さんに多大なアドバイスをいただきました。この場を借りて感謝申し上げます。

また、いまだにいつも温かく見守ってくれる母と弟、留守にしがちだが家庭をしっかり守ってくれている妻、人生をいつも明るくし、生きがいを与えてくれる三人の子どもたち、天国からいつも見守ってくれている父と祖父と辻副社長に感謝し、結びとしたいと思います。

[著者プロフィール]
鳩山玲人（はとやま・れひと）
サンリオ常務取締役。1974年生まれ。青山学院大学国際政治経済学部を卒業後、三菱商事に入社。エイベックスやローソンなどでメディア・コンテンツビジネスに従事。2008年ハーバード・ビジネススクールでMBA取得。同年サンリオ入社。2013年にDeNA社外取締役に就任。2015年よりサンリオ・メディア&ピクチャーズ　エンターテインメントのCEOとして映画製作に従事。米国経済誌「Business Insider」より、フェイスブックのシェリル・サンドバーグや政治家のミット・ロムニーと並んで「ハーバード・ビジネススクールのもっとも成功した卒業生31人」にも選出される。著書に『桁外れの結果を出す人は、人が見ていないところで何をしているのか』（幻冬舎）、『ブロックバスター戦略』（監訳・解説／東洋経済新報社）がある。

世界の壁は高くない

2015年12月4日第1版第1刷

著者　鳩山玲人

発行者　後藤高志
発行所　株式会社廣済堂出版
住所　〒104-0061 東京都中央区銀座3-7-6
電話　03-6703-0964（編集）
03-6703-0962（販売）
FAX　03-6703-0963（販売）
振替　00180-0-164137
URL　http://www.kosaido-pub.co.jp

印刷所
製本所　株式会社廣済堂

ISBN978-4-331-51982-0　C0095